Delbrücker Geschichtsforum (Hg.)

Die Kriegstagebücher von Agnes Hartmann aus Delbrück von 1942 bis 1945

Im Auftrag des Delbrücker Geschichtsforums
herausgegeben von Hans Jürgen Rade
in Zusammenarbeit mit Claudia Hartmann und Johannes Wieners

Delbrück 2020

Umschlaggestaltung: Michael Hagemann
Der Umsschlag ist ein Kompositum aus den Abbildungen 5, 34 und 41.

© 2020 Delbrücker Geschichtsforum

Satz & Indexierung: Michael Hagemann, Delbrück.
Gesetzt in LaTeX aus der *Stempel Garamond LT Pro*.

Druck & Verlag: tredition GmbH, Halenreie 40-44, 22359 Hamburg.

ISBN: 978-3-347-04132-5 (Paperback)
ISBN: 978-3-347-04133-2 (Hardcover)
ISBN: 978-3-347-04729-7 (e-Book)

Das Werk ist urheberrechtlich geschützt. Die dadurch begründeten Rechte, insbesondere die der Übersetzung, des Nachdrucks, der Entnahme von Abbildungen, der Funksendung, der Wiedergabe auf fotomechanischem oder ähnlichem Weg und der Speicherung in Datenverarbeitungsanlagen bleiben, auch bei nur auszugsweiser Verwertung, vorbehalten. Die Vergütungsansprüche des § 54 Abs. 2 UrhG werden durch die Verwertungsgesellschaft Wort wahrgenommen.

Vorwort

Im Jahr 2016 wies Claudia Hartmann den im selben Jahr verstorbenen Leiter des Stadtarchivs Delbrück, Toni Protte, auf im Besitz ihrer Familie befindliche Tagebuchaufzeichnungen ihrer Großtante Agnes Hartmann aus den letzten Kriegsjahren hin. 2017 wandte sich Johannes Wieners, Mitglied des Delbrücker Geschichtsforums, an Claudia Hartmann, um die Tagebücher einer Veröffentlichung zuzuführen. Mit ihrer Tante Cäcilia Hüser, geb. Hartmann, unterzog sich Claudia Hartmann daraufhin der Mühe, die handschriftlichen Aufzeichnungen abzuschreiben. Damit begann die wissenschaftliche Bearbeitung der Tagebücher mit dem Ziel, sie zu edieren. Sowohl der Zeitraum, den die Aufzeichnungen umfassen, als auch die darin erhaltenen Schilderungen legen nahe, sie als Kriegstagebücher zu bezeichnen, denn sie geben die täglichen Erfahrungen und Erlebnisse der Schreiberin während des Krieges wieder, der im Fokus ihrer eigenständigen Wahrnehmung und der subjektiven Auswahl dessen liegt, was sie ihren Tagebüchern anvertraute.

Die Edition will einen Beitrag dazu leisten, die Zeit des Nationalsozialismus und des Zweiten Weltkriegs aus dem privaten Blickwinkel einer Frau aus einer katholisch geprägten Kleinstadt Ostwestfalens zu beleuchten. Die Tagebücher geben Antworten auf die Fragen, wie Menschen während des Nationalsozialismus und der Kriegszeit gelebt, wie sie sich verhalten, was sie gedacht, gewusst und gefühlt haben.

Die Herausgeber danken allen, die dazu beigetragen haben, dass die Veröffentlichung der Kriegstagebücher zum 8. Mai 2020, dem 75. Jahrestag des Kriegsendes, möglich wurde.

Inhaltsverzeichnis

Vorwort   i

Einleitung   vii
   Zur Edition xxvi

1. Tagebuch, September 1942 – Silvester 1943   1
   1942 1
      Dienstag, den 8.9. abends 1
      Freitag, den 11.9. 2
      Montag, den 14. Sept. 3
      Freitag, den 25. Sept. 3
      Sonntag, den 27. Sept. 4
      Samstag, den 3. Okt. morgens 5
      Sonntag, den 4. Oktober abends 5
      Freitag, den 9. Okt. 1942 6
      Montag, den 12. Okt. abends 7
      Sonntag, den 18.10 morgens 8
      Allerheiligen 1942 8
      Donnerstag, den 5. Nov. abends 8
      Sonntag, den 8. Nov. abends 9
      Dienstag, den 10. Nov. 11
      Mittwoch, den 17. Nov. 11
      Montag den 23.11. 1942 abends 13
      Samstag, abends den 28.11. 13
      Freitag, den 4.12. 14
      Mittwoch, den 30.12. 14
   1943 16
      Samstag, den 9.1. 16
      Samstag, den 16.1. 17
      Sonntag, den 31. Jan. 18
      Dienstag, den 2.2.43 19

Inhaltsverzeichnis

Sonntag den 7.2.	20
Montag, den 1.3.	21
Sonntag, den 21.3.	22
Donnerstag, den 1. April	24
Mittwoch, den 5. Mai	26
Sonntag den 9. Mai	27
Freitag, den 14. Mai	28
Dienstag, den 25. Mai 1943	28
Pfingstmontag den 14.Juni	31
Donnerstag, den 14. Juli	31
Sonntag, den 1. Aug.	32
Donnerstag, den 5.8.	33
Donnerstag, den 12. August	34
Montag, den 23. Aug.	35
Samstag, den 4. Sept.	36
Mittwoch, den 29. Sept.	37
Sonntag, den 14. Nov.	38
Sonntag, den 28. Nov.	39
Freitag, Silvester 1943	41
2. Tagebuch vom 2. Januar 1944 – 28. März 1945	**43**
1944	43
Sonntag, den 2. Januar	43
Hl. Drei Könige.	44
Dienstag, den 11. Jan.	44
Mittwoch, den 12.1.	45
Sonntag, den 16. Januar	45
Donnerstag, den 27. Januar	46
Dienstag, den 8.2.	46
Dienstag, den 15.2.	48
Samstag, den 26.2.	49
Donnerstag, den 23.3.	51
Sonntag, Palmsonntag, den 2.4.	52
Ostern den 9. April 1944	52
Dienstag, den 2. Mai	52
Montag, der 15. Mai	54
Pfingsten den 28. Mai 1944	56
Dienstag, den 6. Juni	56

Sonntag, der 18. Juni	57
Sonntag, den 25. Juni	57
Sonntag, den 16. Juli	57
Sonntag, den 3. Sept.	58
Sonntag, den 17. Sept.	61
Sonntag, den 8. Oktober 1944	64
Sonntag, den 15. Okt.	66
Sonntag, den 29. Okt.	67
Sonntag, den 26. Nov.	68
Freitag, Maria Empfängnis	69
2. Weihnachtstag 1944	70
Silvester 1944	70
1945	71
24. Januar 1945	71
Samstag, den 10. Febr.	72
Sonntag, den 18. Febr.	74
Sonntag, den 4. März	75
Sonntag, den 18. März	75
Sonntag, den 25. März 1945	76
Mittwoch, den 28. März 1945	79

3. Tagebuch vom 15. April 1945 – 10. Mai 1945   81

1945	81
2. Sonntag nach Ostern, den 15. April 1945	81
Dienstag, den 17. April	102
Samstag, den 21. April	104
Donnerstag, den 26. April	104
Sonntag, den 29. April	106
Donnerstag, den 3. Mai	107
Montag, den 7. Mai 5 Uhr nachmittags	108
Donnerstag, den 10. Mai (Chr. Himmelfahrt)	109

Abkürzungsverzeichnis   111

Quellenverzeichnis   111

Archivalische Quellen	111
Literatur	113
Internetquellen	116

Inhaltsverzeichnis

Abbildungsverzeichnis 118

Bildnachweis 119

Personenregister 121

Ortsregister 127

Stichwortverzeichnis 131

Danksagung 135

Einleitung

Die Tagebuchschreiberin Agnes Hartmann wurde am 3. März 1905 in Delbrück geboren. Sie wohnte zeitlebens in ihrem Elternhaus in Delbrück (Hausnr. 76 / Adolf-Hitler-Straße / Langestraße 35), dessen Hausstätte seit 1782 im Besitz der Familie ist[1]. Agnes Hartmann blieb unverheiratet und starb am 21. August 1973 in ihrer Heimatstadt an Herzschwäche[2].

Zwei Tage nach ihrer Geburt wurde sie in der Delbrücker Pfarrkirche

---

[1] Am 11. März / 26. März 1760 übertrug Maria Josephina Hardtmann ihre Anton Offelen-Neuzulägerstätte dem Bruder ihres verstorbenen Vaters, Peter Hardtman, und dessen Frau Anna Clara (LAV NRW W, Fstb. PB, Ldh. Ger., Bd. 200, Bl. 25v-27 u. 30v-31). Der Delbrücker „Ambts Musicus" Peter Hartmann bat am 16. August 1751 um die Verlängerung der ihm und seinem Bruder am 8. Januar 1744 von der hochfürstlichen Paderborner Hofkammer erteilten Konzession, gegen Entrichtung von jährlich sechs Reichstalern, im Land Delbrück „die Musick dahier zu tractiren", d. h. die Gebrüder Hartmann besaßen das Musik-Monopol im Delbrücker Land (LAV NRW W, Fstb. PB, Ldh. Ger., Bd. 171, Bl. 181). Peter Hartmanns (1712-1763) und Anna Clara Timmermanns (1702-† nach 1765) Sohn Diederich Wilhelm Hartmann (1746-1808), Lautenspieler und Organist der Delbrücker Pfarrkirche, und dessen Frau Clara Eva Charey (1742-1802) übernahmen am 7. Oktober 1782 die der Offelen-Stätte benachbarte Kamermeyer-Stätte von deren Erbe Franz Hermes, der in Münster-Handorf lebte (LAV NRW W, Fstb. PB, Ldh. Ger., Bd. 182, Bl. 249-249v), auf der sie ein neues Hausgebäude erbauten, das 1902 einen massiven Vorbau erhielt. Im Frühjahr 1939 wurde der alte Türbalken freigelegt, der die Inschrift trug: „Durch Gottes Hülfe haben dieses Haus bauen lassen Diederich Wilhelm Hartmann und Clara Eva Schari, anno 1786 den 18. November." (Sammlung Astrid Hartmann, Delbrück). Die Offelen-Stätte verkauften sie an die Eheleute Born. Am 28. August 1804 erklärte sich der „Musick Pächter Diederich Hartman" bereit, auf Verlangen des Königlich-Preußischen Interims-Hofkammer-Kollegiums für das Erbfürstentum Paderborn von der laut Vertrag vom 17. Dezember 1802 zu Petri (wahrscheinlich Petri Stuhlfeier, 22. Februar) 1803 begonnenen sechsjährigen Pachtzeit des Musikmonopols im Delbrücker Land zurückzutreten. Pro Jahr hatte er drei Reichstaler Pacht zu entrichten (LAV NRW W, Fürstbistum Paderborn, Landesherrliche Gerichte, Bd. 193, Bl. 819-820). Die genannten Paare sind die Vorfahren der Tagebuchschreiberin.
[2] KB Delbrück, Bd. 34, S. 101, Nr. 38.

Einleitung

Abb. 1: Portraitbilder von Agnes Hartmann (1935) und ihren Eltern Kaspar Theodor (ca. 1885) und Dorothea (1929).

St. Johannes Baptist getauft³. Sie erhielt die Taufnamen Maria Agnes. Ihre Patin war Maria Riekschnitz⁴, eine Schwester ihrer Mutter, die zum Zeitpunkt der Taufe ihrem Bruder Bernhard Riekschnitz in Neheim den Haushalt führte. Bernhard Riekschnitz war dort als Vikar in der Pfarrei St. Johannes Baptist tätig.⁵

Agnes Hartmann wurde in eine alte Schmiedefamilie mit musikalischer Tradition hineingeboren, die sich seit 1695 in Delbrück nachweisen lässt. Ihre Eltern waren der selbstständige Schmiedemeister Kaspar *Theodor* Hartmann (1860-1913) und Maria Katharina (genannt Dorothea) Riekschnitz (1873-1954). Sie heirateten am 20. August 1896 in Delbrück. Aus der Ehe gingen insgesamt elf Kinder hervor. Agnes Hartmann war das sechste Kind und zugleich die dritte Tochter. Ihre älteste, 1899 geborene Schwester Anna Maria starb 1909, als Agnes Hartmann kurz vor ihrem vierten Geburtstag stand.

---

³ KB Delbrück, Bd. 19, S. 220, Nr. 41

⁴ Maria Riekschnitz, geb. 5. Februar 1876 in Delbrück-Dorfbauerschaft, starb am 11. Februar 1963 unverheiratet in Delbrück-Dorfbauerschaft (KB Delbrück, Bd. 34, S. 42, Nr. 11).

⁵ Pfarrer Bernhard Riekschnitz, geb. 31. März 1871 in Delbrück-Dorfbauerschaft, der als Pfarrer im Ruhestand nach einem Schlaganfall am 12. November 1940 in Delbrück verstarb und am 16. November 1940 dort auch begraben wurde (KB Delbrück, Bd. 26, S. 218, Nr. 57). „Am 12. 11.[1940] ist hier Pfarrer B. Riekschnitz, der bis zum 1.10. in Oestinghausen war u. hier im Ruhestand leben wollte, gestorben u. in seiner Heimat begraben" (Pfarrchronik Delbrück, S. 40).

Auf Agnes Hartmann folgten zwei weitere Schwestern und drei Brüder, von denen Anna Katharina, die 13 Monate nach Agnes das Licht der Welt erblickte, 1912 starb – Agnes war da siebeneinhalb Jahre alt –, und der 1908 geborene Bruder Bernhard kurz vor seinem ersten Geburtstag verschied – Agnes zählte dreieinhalb Jahre.

Demnach erreichten acht der elf Geschwister das Erwachsenenalter, fünf Brüder und drei Schwestern. Hart dürfte die Mutter und die Kinder, die alle noch minderjährig waren, der Tod des Ehemannes und Vaters Theodor Hartmann am 4. März 1913 getroffen haben,

Abb. 2: Haus Hartmann, ca. 1930

der nur 52 Jahre alt wurde. Agnes Hartmann konnte am Vortag ihren achten Geburtstag begehen. Das erste Kind, der Sohn Johannes, wurde drei Tage später 15 Jahre alt, das jüngste Kind, der Sohn Heinrich, zählte gerade drei Wochen.

Die Mutter stand nach dem Tod ihres Mannes vor der schwierigen Aufgabe, den Betrieb aufrecht zu erhalten, ihre Kinder zu versorgen und ihnen eine Ausbildung zu ermöglichen. Der am 1. August 1914 ausgebrochene Erste Weltkrieg und die auf den Krieg folgende Weltwirtschaftskrise wird die Situation für die Familie zusätzlich verschärft haben. Agnes Hartmann besuchte die Delbrücker Volksschule. Wahrscheinlich zum Ende der Schulzeit empfing sie am 6. Mai 1919 in Delbrück die Firmung[6]. Der kirchlich gebundene und praktizierte Glauben behielt in Agnes Hartmanns Leben stets eine sehr hohe Bedeutung. Sie gelobte Gott, dass sie bis zu ihrem Lebensende jeden Tag den Rosen-

---

[6] KB Delbrück, Bd. 28, S. 197, Nr. 157

Einleitung

kranz beten werde, wenn ihre Brüder den Krieg überleben[7]. Ihre drei Brüder, die zum Wehrdienst einberufen wurden, und die beiden Schwäger kehrten lebend aus dem Krieg zurück.

Vom 1. Oktober 1924 bis zum 1. Oktober 1927 absolvierte Agnes Hartmann bei „Fr. M. Jassmeyer"[8] in Delbrück eine Ausbildung zur Schneiderin, die sie am 29. November 1927 mit der Gesellen-(Gehilfen-)Prüfung vor dem Prüfungsausschuss des Schneiderinnen-Handwerks in Paderborn erfolgreich abschloss. Die Ausbilderin bescheinigte ihr gutes Betragen während der Ausbildung.[9] Die Arbeiten als Schneiderin führte sie in Heimarbeit aus. 1952 wird sie als Schneiderin im Delbrücker Adressbuch genannt[10], 1967 als Näherin[11].

Agnes Hartmanns ältester, 1898 geborener Bruder Johannes Hartmann († 1960), Johann genannt, trat zwangsläufig in die beruflichen Fußstapfen seines Vaters. Um die Schmiede fortführen zu können, ließ er sich zum Schmied ausbilden. Als Schmiedemeister heiratete er 1929 Katharina (genannt Tina) Sandtüns (1907-1973) aus Sudhagen und gründete mir ihr eine Familie. Er engagierte sich bei der freiwilligen Feuerwehr. Mehrfach berichtet die Tagebuchschreiberin von seinen Einsätzen, auch in den von Bomben verwüsteten Städten Dortmund und Paderborn. Johann Hartmann war politisch interessiert und gehörte ab 1945 bis zu seinem Tod ununterbrochen der Delbrücker Amtsvertretung und dem Delbrücker Stadtrat an. 1956 wurde er zum stellvertretenden Bürgermeister der Stadt Delbrück gewählt.[12] 1952 inserierte er im Adressbuch seine Dienste als Schmiedemeister für die Bereiche Fahrzeugbau, Landmaschinen und Reparatur[13]. Der Betrieb verfügte schon

---

[7] Schriftliche Mitteilung von Claudia Hartmann an Johannes Wieners.
[8] Maria Anna Ludwika Jassmeier, geb. 2. Februar 1895 in Mantinghausen, gest. 27. September 1975 in Delbrück, heiratete am 25. Juli 1929 in Delbrück den Installateur Anton Epping.
[9] Der Gesellenbrief von Agnes Hartmann ist noch vorhanden. Siehe Abb. 4 (Sammlung Astrid Hartmann).
[10] Jungfermannsche Verlagsbuchhandlung, Adressbuch Paderborn. Stadt und Landkreis, 1952, S. 293.
[11] Jungfermannsche Verlagsbuchhandlung, Heimat-Adreßbuch Stadt und Kreis Paderborn, 1967-1968, S. 40.
[12] Nachruf des Amtes und der Stadt Delbrück nach dem Tod von Johannes Hartmann im Westfälischen Volksblatt (Archiv der Familie Hartmann).
[13] Jungfermannsche Verlagsbuchhandlung, Adressbuch Paderborn. Stadt und Landkreis, 1952, S. 293.

Abb. 3: Tagebuch-Hefte von Agnes Hartmann.

Abb. 4: Schneiderin-Gesellenbrief von Agnes Hartmann, 1927.

Einleitung

während des Krieges als einer der wenigen über einen Fernrufanschluss mit der Nummer 168.[14] Mehrfach berichtet die Tagebuchschreiberin über eingehende Anrufe.

Agnes Hartmann gehörte mit ihrer Mutter und den noch ledigen Geschwistern weiterhin zum Haushalt, packte in Haus und Garten sowie bei der Betreuung und Erziehung der nachwachsenden Generationen selbstverständlich mit an.

Zu einem unbekannten Zeitpunkt begann Agnes Hartmann Tagebuch zu führen. Gleich in der ersten Zeile des ersten erhaltenen Heftes, in dem sie ihre Aufzeichnungen notierte, spricht sie von einem neuen Buch. Diese Wendung legt nahe, dass es ein oder sogar mehrere weitere Bücher gab, in denen sie Geschehnisse festgehalten hat. Drei Tagebücher sind erhalten geblieben. Sie umfassen insgesamt 85 Eintragungen aus der Zeit vom September 1942 bis zum Mai 1945. Im Einzelnen haben die drei Hefte folgende Laufzeiten:

- 8. September 1942 – 31. Dezember 1943
- 2. Januar 1944 – 28. März 1945
- 15. April 1945 – 10. Mai 1945.

Allein schon die Daten lassen vermuten, dass es sich um äußerst bewegende und intensiv erlebte Jahre handeln muss, da sie die letzten vier Kriegsjahre einschließlich des Kriegsendes und der unmittelbaren darauf folgenden sechs Wochen umfassen. Erwartungsgemäß stellt der mit Abstand längste Eintrag vom 15. April 1945 den dichtesten Abschnitt dar, weil die Tagebuchschreiberin darin ausführlich das Geschehen in Delbrück vor, während und nach dem Einzug der amerikanischen Truppen schildert.

Unbekannt ist ebenfalls, ob Agnes Hartmann nach 1945 weitere Tagebuchaufzeichnungen vorgenommen hat. Ihre Nichte Cäcilia Hüser, geb. Hartmann, Tochter von Johannes Hartmann, erinnert sich, dass ihre Tante davon gesprochen habe, eines verbrannt zu haben. Der Grund

---

[14] Zwischen 1952 und 1967 wurden bei allen Telefonnummern, die mit einer 1 begannen, diese durch eine 4 ersetzt, die beiden weiteren Zahlen blieben hingegen unverändert. Die Telefonnummer der Familie Hartmann lautet nach der Umstellung 468.

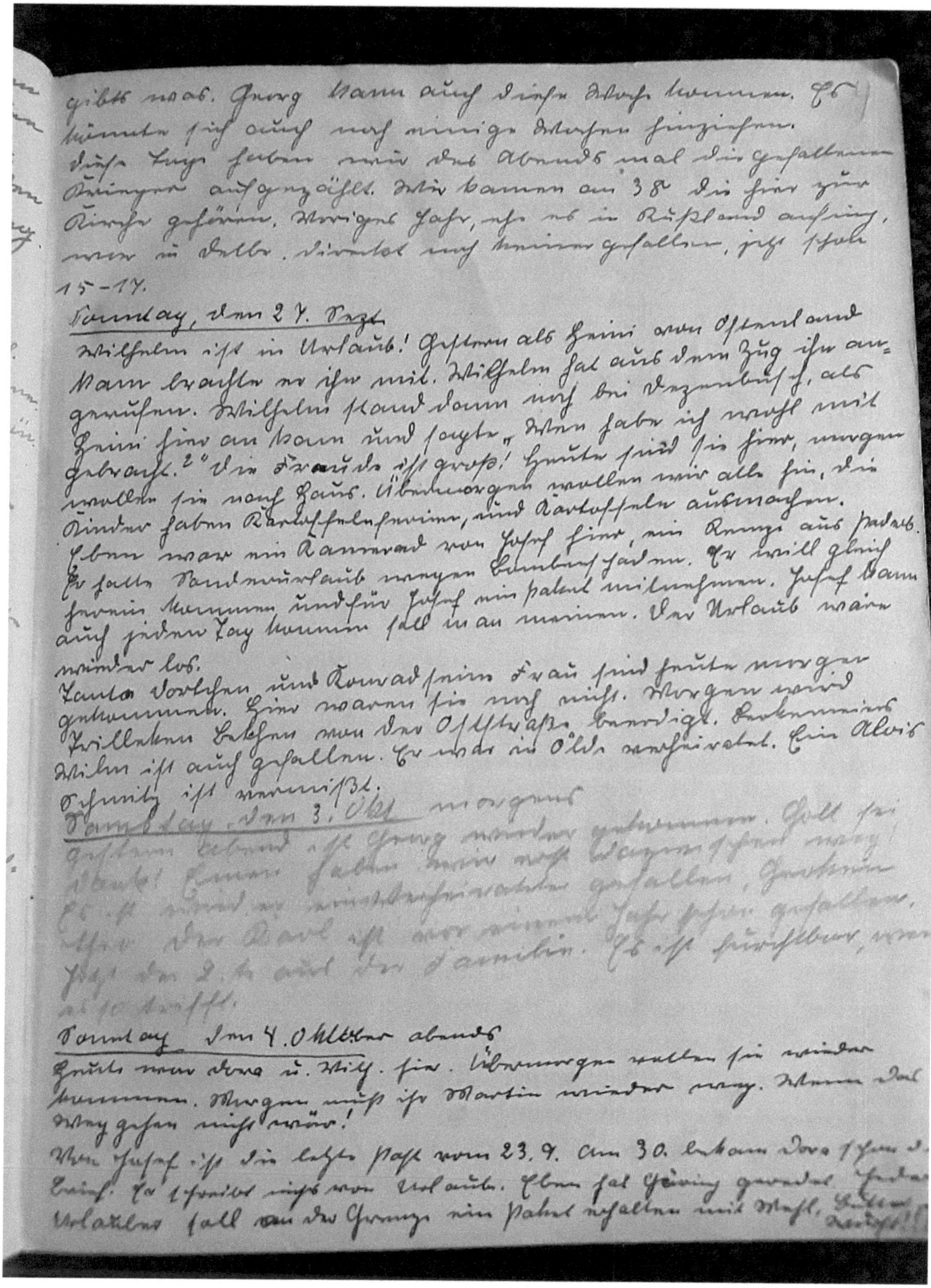

Abb. 5: Agnes Hartmann, Tagebuch-Seite mit Eintragungen vom 27.9. / 3.10. / 4.10.1942.

Einleitung

für das Verbrennen und der Zeitraum, den es umfasste, sind nicht überliefert.

Die Diktion der Eintragungen, die in Abständen von jeweils mehreren Tagen oder auch Wochen erfolgten, legt nahe, dass Agnes Hartmann die Aufzeichnungen für sich angefertigt und keineswegs daran gedacht hat, sie anderen zur Verfügung zu stellen. Denn durchgehend lassen die Eintragungen mehr die einfache, alltäglich gesprochene Sprache als einen ausgefeilten Stil erkennen. Die Sätze sind zumeist kurz. Agnes Hartmann schreibt weitgehend fehlerfrei, auch wenn der Satzbau nicht immer korrekt ist. Selten unterlaufen ihr Flüchtigkeitsfehler beim Schreiben. Die zeittypische Orthographie wird, auch im Blick auf Groß- und Kleinschreibungen, konsequent von ihr durchgehalten. Deutlich tritt der Lokalkolorit der gesprochenen Alltags-Sprache bei zahlreichen Wendungen zu Tage. Sie neigt vorwiegend zur westfälischen Variante des Genitivs („Dora ihr Mann') und irrt schon mal bei der Wahl des Kasus.

Insgesamt ist ihr Stil als flüssig und anschaulich zu beschreiben. Sie bringt die Dinge, die sie sagen will, zumeist auf den Punkt, beherrscht aber auch die Kunst, durch sehr knappe Andeutungen mehr zu verraten, als tunlich zu schreiben wäre.

Inhaltlich liegt das Kriegsgeschehen in ihrem Fokus. Dabei behält sie zugleich den Schlachtenverlauf wie das Ergehen der Mitglieder ihrer großen Familie, aber auch jenes von Nachbarn, Verwandten und Freunden im Blick. 1939 zählte die Stadt Delbrück 1633 und die sie umgebende Gemeinde Dorfbauerschaft 1538 Einwohnerinnen und Einwohner.[15] Sehr viele davon dürfte sie gekannt haben. Sich selbst nimmt sie weitestgehend zurück und thematisiert selbstbezüglich nur eine Wallfahrt nach Verne, eine Zahnentzündung, eine Blindarmoperation und die kurzzeitige Gefährdung, im Rahmen der Kriegswirtschaft zur Annahme einer Arbeitsstelle gezwungen zu werden, die anscheinend aufgrund von gesundheitlichen Beeinträchtigungen abgewehrt werden konnte.

Agnes Hartmann muss regelmäßig Radio, gemeinsam mit ihrem Bruder Johannes auch Feindsender, gehört und Zeitung gelesen haben, da sie immer wieder auf den Kriegsverlauf und insbesondere auf Rückschläge eingeht. Da sie niemals Wochenschauen, die Kinofilmen vor-

---

[15] Amt Delbrück (Hg.), Delbrücker Land, S. 186.

Abb. 6: Agnes Hartmann (von links) mit ihren Schwägerinnen Katharina und Anastasia und ihrer Schwester Elisabeth Depenbusch (geb. Hartmann), 1930er Jahre.

geschaltet wurden, nennt, scheint sie diese nicht gesehen zu haben.[16] Sie muss aber die Veränderungen in den Frontenverläufen auf einer Karte oder in einem Atlas verfolgt haben, weil ihre Aufzeichnungen stets den Eindruck erwecken, dass sie eine Vorstellung von der Lage der Orte oder Länder hat, von denen sie berichtet. Zweifelsohne werden sowohl das Kriegsgeschehen als auch politische Ereignisse im Haus Hartmann besprochen und beurteilt worden sein.

Ihre Aufzeichnungen spiegeln durchgängig ihre Sorge um ihre Brüder Georg[17] (1900-1983), der anfangs ebenfalls eingezogen worden war, Wilhelm (genannt Willi) (1903-1979) und Josef (1911-2003) sowie ihre

---

[16] Kretschmann / Rade / Wieners, Chronik der Stadt Delbrück, S. 138, berichtet erst 1948 über die Eröffnung eines „Lichtspieltheaters" in Delbrück.

[17] Der Ingenieur Georg Hartmann gründete 1933 eine Dreherei, die als Reparaturbetrieb und Zulieferer für das heimische Handwerk arbeitet. Der Betrieb war zunächst ansässig Lange Straße 40, Delbrück. Heute firmiert er unter dem Namen GHD Georg Hartmann Maschinenbau GmbH.

Einleitung

Schwäger, den Maurer Johannes Depenbusch (1899-1978), Ehemann ihrer Schwester Elisabeth (gen. Lisbeth) (1902-1993), und den Schneidermeister Wilhelm Winkenjohann (1906-1984), Ehemann ihrer Schwester Dorothea (genannt Dora) (1910-2001), die sich als Soldaten an der Front befanden. Aber auch das Schicksal und Befinden ihres jüngsten Bruders Heinrich (1913-2007), der eine Anstellung in Paderborn fand, sowie von weiteren Verwandten wie der Familie Rempe in Dortmund, von Freunden und Bekannten, die als Soldaten eingesetzt waren, bewegt sie. Regelmäßig hält sie fest, von wem wann Post angekommen ist. Oft gibt sie knapp den Inhalt wieder oder berichtet, was sie ihren an der Front eingesetzten Brüdern geschrieben hat.

Der Stil der Briefe, die sie an ihre Brüder richtet, ähnelt sehr dem Schreibstil ihrer Tagebücher. Sie greift darin Ereignisse in der Familie und im kirchlichen und gesellschaftlichen Leben auf, berichtet vom Ergehen zahlreicher Menschen und den Auswirkungen des Kriegszustands auf den Alltag. Exemplarisch steht hierfür ein emotionaler und zugleich amüsanter Brief[18], den sie am 26. Dezember 1940 an ihren zwei Jahre älteren Bruder Wilhelm (genannt Willi) Hartmann[19] richtet, der das Weihnachtsfest an der Front verbringen musste:

> *„Delbrück, am 2. Weihnachtstag 1940*
>
> *Lieber Bruder!*
>
> *Nun ist das schöne Weihnachtsfest auch bald wieder vorbei und für manchen ist der Urlaub bald abgelaufen. Hoffentlich hast Du Weihnachten gut verlebt, Deine Gedanken waren sicher viel bei uns, gerade wie auch die unsrigen bei Dir, und Josef[20] und Depenbusch Johann[21], die auch leider nicht hier waren.*
>
> *Das Christkindchen kam zur gewohnten Zeit. Du fehltest sehr beim Singen. Unser Fränzchen[22] bekam einen Erbhof[23].*

---

[18] Sammlung Claudia Hartmann, Potsdam.
[19] S. Anm. [65].
[20] Josef Hartmann, der Bruder der Tagebuchschreiberin (s. Anm. [63]).
[21] Johann Depenbusch, Ehemann von Elisabeth (gen. Liesbeth) Hartmann, der Schwester der Tagebuchschreiberin (s. Anm. [67])
[22] Franz (gen. Fränzchen) Hartmann, der Neffe der Tagebuchschreiberin (s. Anm. [121]).
[23] Das Reichserbhofgesetz von 1933 erklärte Höfe ab einer bestimmten Größe für so-

Abb. 7: Hochzeit von Anastasia Happe mit Georg Hartmann, 1934.

Einleitung

Er ist jetzt Erbhofbauer. Theo[24] bekam einen Zug und sonstiges mehr. Dora und Wilhelm[25] waren in diesem Jahr auch bei uns, ebenso Tante Mariechen[26] und Lübkes Liesbeth[27]. Tante hat es sich bei Neukirchs[28] sehr gemütlich gemacht.[29] Gestern war ich mit Fränzchen mal da. Nachher gingen Johann[30], Wilhelm, Dora, Liesbeth auch hin, sie kamen bald ‚dicke' wieder. Wilh.[31] muß morgen abend auch wieder weg, Georg[32] erst Montag, sie müssen die Stunden nachholen. Vom Werk hat er 16,25 M als Weihnachtsgabe erhalten, Junggesellen wohl nur 4 M.

Er sieht ganz schwarz in die Zukunft, obschon, daß hat er ja schon immer getan.

Die Christmesse fing gestern erst um 7 Uhr an. In einigen Städten war sie am Hl. Abend nachmittag 5 Uhr. Für Delbrück war es auch erlaubt, aber es bestehen eigens Bestimmungen wegen der Verdunkelung, dann hätte die Messe hier schon um 4 Uhr sein müssen. Vikar Padberg[33] liegt schon bald 8 Tage zu Bett, er hat die Grippe. Kükmanns Stefan geht es besser. Die Rippenfellentzündung ist nicht richtig zum Ausbruch gekommen.

Lieber Bruder! Am Samstag war Probealarm ~~von~~ *mit der*

---

genannte Erbhöfe, die nur ungeteilt an einen Erben weitergegeben werden durften. Nur die Inhaber von Erbhöfen wurden als Bauern bezeichnet, alle anderen hießen Landwirte.

[24] Theodor (gen. Theo) Hartmann, der Neffe der Tagebuchschreiberin (s. Anm. [220]).

[25] Dorothea (gen. Dora) Hartmann, die Schwester der Tagebuchschreiberin, und ihr Mann Wilhelm Winkenjohann (s. Anm. [62]).

[26] Maria Riekschnitz, die Patentante der Tagebuchschreiberin (s. Anm. [4]).

[27] Sie war im Haushalt von Pfarrer Bernhard Riekschnitz und seiner Schwester Maria Riekschnitz beschäftigt.

[28] Das Haus stand in der Thülecke in Delbrück.

[29] Sie zog dorthin, nachdem ihr Bruder Bernhard Riekschnitz, dem sie den Haushalt geführt hatte, am 12. November 1940 verstorben war (s. Anm. [5]).

[30] Johannes (gen. Johann) Hartmann, der Bruder der Tagebuchschreiberin.

[31] Wilhelm Winkenjohann, der Schwager der Tagebuchschreiberin (s. Anm. [62]).

[32] Georg Hartmann, der Bruder der Tagebuchschreiberin (s. Anm. [17]).

[33] Rudolf Padberg, geb. 3. Februar 1910 in Hagen, zum Priester geweiht am 6. April 1935 in Paderborn, gest. 7. Oktober 1998 in Paderborn, war von 1935 bis 1946 II. Vikar in Delbrück (Kuhne, „Wer zum Lehren berufen ist, der lehre", S. 13-21).

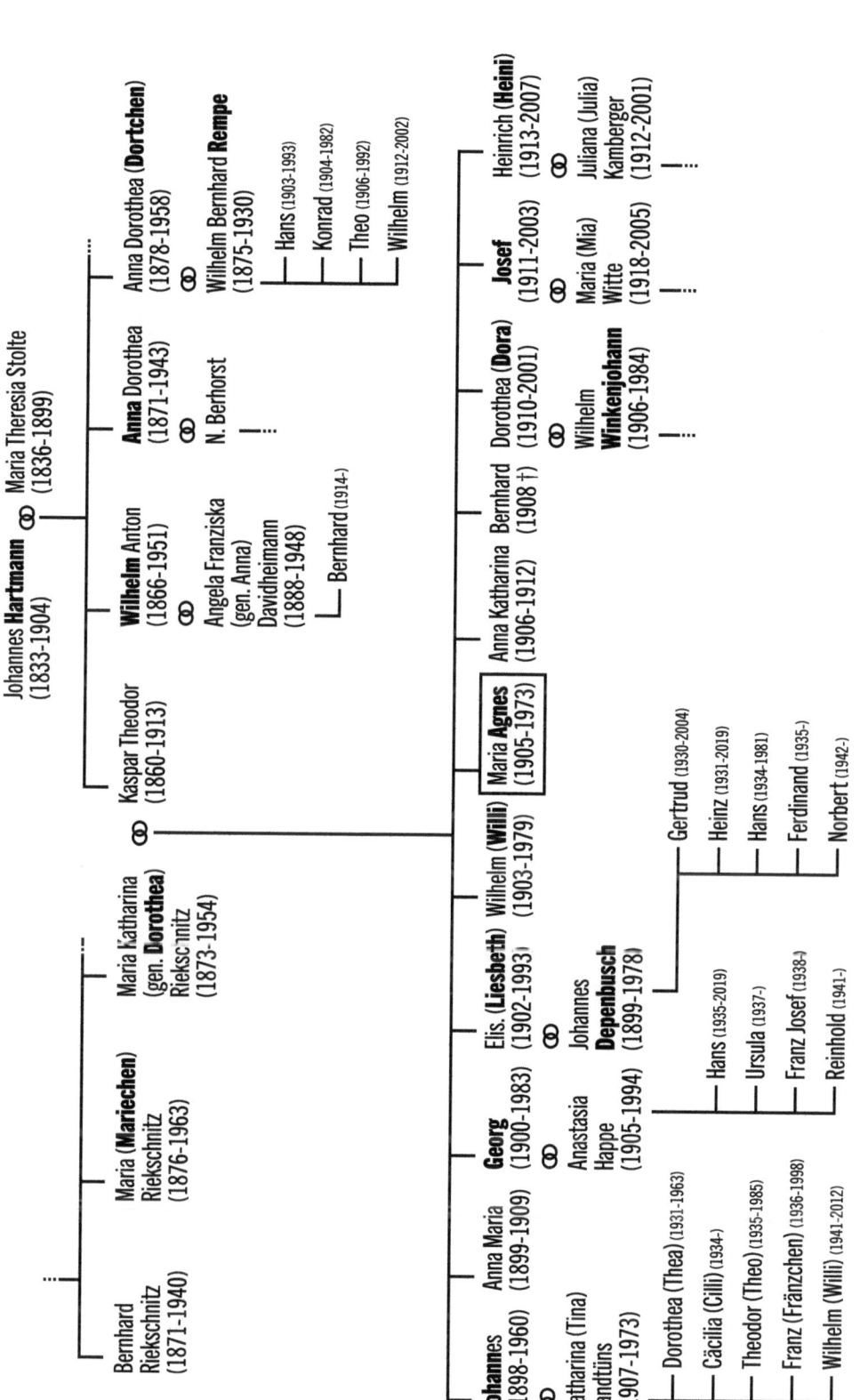

Abb. 8: Ausschnitt aus dem Stammbaum der Familie Hartmann.

Einleitung

neuen Luftschutzsirene³⁴. Das erstemal machten die Blagen ein Geschrei, aber merkwürdig, man gewöhnt sich an alles, das zweitemal wurden sie nicht mal wach.

Fortsetzung nach der Andacht um 5 Uhr.

Lieber Bruder! Wir, Fränzchen und ich, kommen soeben wieder von Jecks³⁵ und haben da den Christbaum angesehen. (Sie haben sich über Deine Karte sehr gefreut.) Auch bei Pülkes³⁶ war[en] wir und bei Georg haben wir Kaffee getrunken. Fränzchen ist gut zurecht, das Wetter ist nicht mehr so sehr kalt, da kann er mal wieder [nach] draußen kommen. Urlauber sind nicht so viele da, wie sonst wohl. Einige Junggesellen und andere verheiratete. Depenbusch Joh. kommt vielleicht Samstag. Ihr Oma³⁷ hat gestern 2 mal den Bruch raus gehabt. Der Dr. mußte ihn wieder rein drücken. Für Liesbeth³⁸ ist es auch eine Aufgabe allein zwischen den Kindern und den alten Leuten zu sein. Augenblicklich ist Ignaz³⁹ hier. Bernd⁴⁰ hat von der spanischen Grenze Apfel-

---

[34] „Kurz vor Weihnachten wird auf dem Turm des Gerätehauses eine moderne Sirene zum Luftschutz angebracht. In der ersten Nacht, nachdem sie installiert war, musste sie schon 2 mal die Bewohner alarmieren, es war in der Nacht v. 21. zum 22. Dezbr. 1940" (Kretschmann / Rade / Wieners, Chronik der Stadt Delbrück, S. 97).

[35] Gemeint ist die Familie Pöhler, die nach ihrem Wohnhaus in der Kleinen Straße landläufig Jecks genannt wurde. Sie waren die rückwärtigen Nachbarn der Familie Hartmann.

[36] Gemeint ist die Familie Schulte, die nach ihrem Wohnhaus in der Langen Straße 36 landläufig Pülkes genannt wurde. Das Haus lag dem Haus von Hartmanns gegenüber.

[37] Gemeint ist die Mutter von Johann Depenbusch, Gertrud Depenbusch, geb. Hüser (s. Anm. [129]).

[38] Elisabeth (gen. Liesbeth) Depenbusch, geb. Hartmann, die Schwester der Tagebuchschreiberin.

[39] Ignatius Depenbusch, geb. 19. August 1909 in Delbrück (KB Delbrück, Bd. 20, S. 32, Nr. 158), Sohn des Briefboten Heinrich Depenbusch und dessen Frau Gertrud Hüser (s. Anm. [129]). Er war ein Bruder von Johann Depenbusch, dem Schwager der Tagebuchschreiberin.

[40] Gemeint ist wahrscheinlich Bernhard Depenbusch, geb. 13. April 1903 in Dorfbauerschaft (KB Delbrück, Bd. 19, S. 181, Nr. 157), ein Bruder von Johann und Ignatius Depenbusch. Er lebte in der Oststr. 13 in Delbrück und starb am 17. Mai 1969 in Paderborn (KB Delbrück, Bd. 34, S. 76, Nr. 21).

Abb. 9: Luftbild Delbrück, 1937. ① Haus und Schmiede Hartmann, ② Amt Delbrück, ③ Schulhof der Volksschule, ④ Bahnhof, ⑤ A.-Hitler-Str. (heute Lange Str.), ⑥ Haus Georg Hartmann, ⑦ Rietberger Str., ⑧ Waisenhaus.

Einleitung

> *sinen geschickt. Schäfers August hat Hochzeit mit Försters Thea[41], Reilings Theodor mit einer Wördemann aus Schöning Verlobung[42], ebenso Pammes Threschen[43] mit einem aus Lippstadt.*
>
> *Hast Du das Paket und das Geld noch vor Weihnachten erhalten?*
>
> *Sonst gibt es nichts Neues. Hoffentlich trifft Dich dieser Brief bei bester Gesundheit an. Sei von uns allen recht herzlich gegrüßt, bes. von Mama[44] und Agnes."*

Die Antwort Wilhelm Hartmanns ist leider nicht erhalten.

Agnes Hartmann ist, wie auch der Weihnachtsbrief an ihren Bruder zeigt, eine Frau, die stark in Beziehungen denkt und lebt. Dies zeigt sich nicht nur in ihren unzähligen Eintragungen über ihre Brüder und Schwestern, ihre Verwandten, Freunde und Bekannten, denn sie reflektiert auch immer wieder, wie es Familien ergeht, die eine oder sogar mehrere Todesmeldungen erhalten haben, Bombenschäden erlitten haben oder Evakuierte aufzunehmen hatten. Ebenso vermag sie sich in andere hineinzuversetzen und dadurch ein unhinterfragtes Freund-Feind-Denken zu überwinden. Als russische Kriegsgefangene wenige Tage vor Kriegsende durch Delbrück getrieben werden, beklagt sie deren Zustand und unmenschliche Behandlung. Als dieselben nach ihrer Befreiung auch im Delbrücker Land Angst und Schrecken verbreiten und plündern, vergleicht sie deren Verhalten zwar mit dem von Vieh, hält aber zugleich fest, dass dieses seine Ursache darin habe, wie die Menschen zuvor behandelt wurden. In gleicher Weise versetzt sie sich in die Lage der Zwangsarbeiter, die auch in der Schmiede und im Haus Hartmann eingesetzt waren.

---

[41] Theresia Förster, geb. 28. Oktober 1916 in Delbrück, heiratete am 14. Juni 1941 im Paderborner Dom August Schäfers, dessen Eltern in Delbrück lebten (KB Delbrück, Bd. 20, S. 209, Nr. 124).

[42] Der im Feld stehende Theodor Reiling, geb. 29. Januar 1912 in Dorfbauerschaft, heiratete am 22. September 1942 in Delbrück Maria Wördemann, geb. 23. Februar 1915 in Schöning (KB Delbrück, Bd. 22, S. 178, Nr. 11).

[43] Theresia Pamme aus Delbrück, geb. 2. April 1914, heiratete am 10. Juni 1941 in Delbrück den Beamten Josef Keil aus Lippstadt, geb. 23. Januar 1914 (KB Delbrück, Bd. 22, S. 176, Nr. 13).

[44] Dorothea Hartmann, geb. Riekschnitz, die Mutter der Tagebuchschreiberin und ihrer Geschwister.

Als im Mai 1945 endlich wieder das religiöse Leben und die Traditionen wie in der Zeit vor der Naziherrschaft und vor dem Krieg gepflegt werden durften, zeigt sie sich froh, dankbar und erleichtert, und reflektiert darüber, was die Amerikaner denken mögen angesichts der Diskrepanz zwischen der von ihr beschriebenen zurückgewonnenen Idylle und den inzwischen öffentlich bekannt gewordenen Gräueltaten in den Konzentrationslagern.

Agnes Hartmann zeigt sich einerseits als entschiedene Patriotin, der das Wohl und Wehe ihres Heimatlandes am Herzen liegt und die dessen Niedergang beklagt. Zugleich lässt sie keine Zweifel daran aufkommen, wen sie für das zunehmende Desaster verantwortlich macht. Andererseits sehnt sie das Ende des Krieges und damit aller Schrecken herbei, wobei ihr klar ist, dass dies nur durch den Untergang der Nazi-Herrschaft und mit weiteren Schrecken und Opfern erreicht werden kann.

Agnes Hartmann muss eine klarsichtige und mutige Frau gewesen sein, denn sie traute sich, in ihren Aufzeichnungen schon sehr früh immer wieder Bemerkungen einfließen zu lassen, die ihr, wenn sie gefunden und bekannt geworden wären, als Ausdruck einer subversiven und defätistischen Haltung angekreidet worden wären. Sie hätten ihr eine Anklage wegen Heimtücke und Haft, gegebenenfalls auch die Einlieferung in ein Konzentrationslager einbringen können, zumal Menschen wegen geringfügiger Bemerkungen inhaftiert wurden. Der Gefahr war sie sich durchaus bewusst!

Am 12. Oktober 1942 notierte sie, dass die Geheime Staatspolizei bei den Messdienerführern Helmut Happe, Theo Fecke und Bruno Hammerschmidt war und den Katechismus und die Bibel mitgenommen habe. Ihrer Meinung hierzu gibt sie durch ein Ausrufezeichen zu erkennen. Am 28. November 1942 berichtet sie, dass die Kinder des 6. Schuljahres den Beitrag für den Kindheit-Jesu-Verein eingezogen haben. Dies zog die Aufmerksamkeit der Polizei auf sich, die deswegen bei Vikar Störmann war und die Kinder zum Amt holte und verhörte. Agnes Hartmann kommentiert den Vorgang mit den Worten: „Man scheint wenig Sorgen zu haben, daß man jetzt im Krieg noch sogar hinter alles her ist." Am 4. Dezember 1942 bemerkt sie im Blick auf die Abgabe einer Glocke für Kriegszwecke: „Wenn dies nur gut geht." Am 31. Januar 1944 registriert sie, dass Hitler erstmals am gestrigen Jahrestag der Machtübernahme nicht geredet hat, obwohl es der zehnte Jahrestag

Einleitung

war. Sie bezeichnet die Zeit als furchtbar. Im Blick auf die Einkesselung der 6. Armee in Stalingrad, zu der sehr viele Bekannte gehören, äußert sie: „Man kann nur weinen! Und wofür?" Immer wieder äußert sie, es sei so traurig, so furchtbar, es sei so viel Leid und Elend auf der Welt. Zugleich ist sie überzeugt, dass er noch schlimmer werden wird (2. Februar 1943). Den tödlichen Unfall des SA-Stabchefs Lutze am 1. Mai 1943 kommentiert sie zynisch: „Sie kommen alle an die Reihe". Offensichtlich hält sie die Funktionäre des 3. Reiches alle für Verbrecher und verantwortlich für das immense Leid. Am 9. Mai 1943 hält sie fest: „Einige meinen, im halben Jahr wäre es jetzt vorbei." Die Nachricht, dass Georg Fecke[45], Walter Sagemüller und Josef Depenbusch sich aus amerikanischer Gefangenschaft gemeldet haben, kommentiert sie mit den Worten „Gott sei Dank!", weil damit gesichert ist, dass sie nicht mehr bei Kämpfen getötet werden können. Am 23. August 1943 zitiert sie die Zeitungsmeldung „Erfolgreicher Abschluß der Kämpfe auf Sizilien" und bemerkt bitter: „Man kann auch von einer Niederlage noch einen Sieg machen." Sie nimmt wahr, dass die Spannung in der Bevölkerung wächst und schreibt: „Man ist der Meinung, daß bald etwas passiert." Am fünften Jahrestag des Münchener Abkommens vom 29. September 1938 äußert sie deutlich: „Und nun haben wir schon 4 Jahre dieses Elend am Hals." Die Befreiung Mussolinis kommentiert sie am selben Tag: „Aber was nützt das. ‚Wir sind kaputt!' Und doch darfs man nicht sagen. Es sind scharfe Gesetze heraus gekommen, die noch veröffentlicht werden." Am 28. November 1943 notiert sie, dass eine Versammlung der NSDAP in Delbrück stattgefunden habe: „Überall sind sie, auf jedem Kaff."[46] Sie fährt fort: „Es wird bald was geschehen und es muß bald was geschehen. Einmal kommt das Ende. Aber es wird ein Ende mit Schrecken werden." Diese Aussage wiederholt sie am 2. Januar 1944. Bereits am 26. Februar 1944 fragt sie, ob bald eine Invasion

---

[45] Georg Fecke, geb. 24. Juni 1915 in Dorfbauerschaft (KB Delbrück, Bd. 20, S. 185, Nr. 112), gest. 22. Sept. 1996 (Sammlung Rade).

[46] „Im Ganzen waren die Erfolge der Partei im Delbrücker Lande mäßig. Die höchste Zahl von Parteimitgliedern fand sich mit je 64 in Delbrück und Westerloh, in Ostenland waren es 47, in Westenholz 45, in Dorfbauerschaft und Hagen je 32, im Ganzen 284 bei einer Einwohnerzahl von 11500. Berücksichtigt man auch, daß manche Freunde der Partei nicht nur Mitglieder waren, so waren doch auch unter den 284 Mitgliedern manche nur Mitläufer." (Rade / Wieners, Die Erinnerungen von Msgr. Philipp Schniedertüns an die Zeit des Nationalsozialismus im Delbrücker Land, S. 4).

eintritt. „Weiß Gott, was uns noch alles bevorsteht. Dunkel ist die Zukunft." Mehrfach wiederholt sie fortan: „Schlimmes steht bevor!" Am 3. September 1944 notiert sie erneut, dass es bald dem Ende zugeht. Bezüglich des Attentats auf Adolf Hitler am 20. Juli 1944 schreibt sie: „Eines hätte ich bald noch vergessen. Am 20. Juli ist ein Anschlag auf den Führer gemacht. Er blieb unverletzt, einige Offiziere sind zu Tode gekommen. Ganz viele sind erschossen worden, erhängt und was nicht alles." Sie fährt fort: „Und jetzt spricht man auch wieder von einem Verrat in Frankreich! Das Kind muß einen Namen haben! Einer ist schuldig." Der Schuldige steht für sie eindeutig fest. Am 17. September 1944 führt sie aus: „Es ist eine unruhige Zeit. […] Wer uns das vor einigen Jahren gesagt hätte, daß nochmal alles so käme, und auch, daß man zu jeder Tageszeit kommunizieren[47] darf, wir hätten den für verrückt erklärt! Und wer weiß, was noch alles kommt! Das eine ist sicher, es ist bald aus." Am 29. Oktober 1944 konstatiert sie: „Das Volk ist verbittert bis dorthin." Am 2. Weihnachtstag 1944 notiert sie anlässlich eines deutschen Gegenangriffs an der Westfront: „Es ist eine Verzweiflungstat! Es geht so oder so auch nicht mehr. Wenn man bloß das Ende absehen könnte! Aber es ist dunkel." Am 24. Januar 1945 wiederholt sie: „Wir sind bald am Ende!" Sie sehnt sich danach. Erneut schreibt sie am 18. Februar 1945: „Es ist eine Unzufriedenheit im Volk und überall." Am 25. März 1945 wünscht sie sich: „wenn nur bald Schluss wäre von diesem Morden!" In einem längeren Abschnitt, den sie am 15. April 1945, d. h. nach dem Einmarsch der Amerikaner in Delbrück, verfasst, schreibt sie: „Der 20. Apr. wird wohl das Ende sein von Deutschlands Herrlichkeit. Ein Reich von Trümmern hat uns dieser „Führer geschenkt." Eine Ansprache von Goebbels zu Hitlers Geburtstag am 20. April 1945 kommentiert sie bitter: „Die siegen immer noch!" Die ersten Berichte über die Befreiung der Konzentrationslager kommentiert sie am 26. April 1945 ebenfalls: „Unerhörte Greueltaten kommen ans Tageslicht, was wir allerdings schon lange vermuteten." Sie schreibt weiter: „Soll uns mal wundern, ob diese [die Befreiten] nichts von den Verrückten Verbrennungen sagen? Das war vor 4 Jahren recht an der Tagesordnung.

---

[47] Gemeint ist der Kommunionempfang in der katholischen Kirche, der aufgrund der damit verbundenen strengen Fastenvorschriften nur morgens möglich war. Während des Zweiten Weltkrieges wurden die Fastenvorschriften im Blick auf den Kommunionempfang stark reduziert, damit der Leib Christi zu jeder Tageszeit empfangen werden konnte.

Einleitung

Ganz viele Irre sind damals angeblich an einer ansteckenden Krankheit gestorben, in Wirklichkeit wurden sie nach einer Betäubungsspritze oder Todesspritze verbrannt. Die Irrenhäuser füllen sich aber wieder!"

Agnes Hartmanns Aufzeichnungen sind im Blick auf die Delbrücker Verhältnisse singulär, da bislang keine anderen privat erstellten zeitnahen Berichte über die letzten Kriegsjahre und das Kriegsende in Delbrück bekannt geworden sind außer jener des Geistlichen Studienrats Msgr. Philipp Schniedertüns (1885-1964)[48]. Während die Chronik der Stadt Delbrück[49] und die bislang unveröffentlichte Chronik der Pfarrei St. Johannes Baptist in Delbrück anders als die von der nationalsozialistischen Ideologie sehr deutlich gefärbten Chroniken der Gemeinde Ostenland[50] und Westerloh[51], die ebenfalls die letzten Kriegsjahre und das Kriegsende in Delbrück thematisieren, eher um Sachlichkeit bemüht sind, liegt das Besondere an den Tagebüchern von Agnes Hartmann darin, dass sie als einfache Frau die im Volk vorherrschende Stimmung wiedergibt. Dadurch vermittelt sie, was viele Menschen in Delbrück während der Jahre von 1942 bis 1945 dachten, fühlten und hofften, was sie ängstigte, befürchteten und zermürbte. Einen ähnlichen Ansatz wie Agnes Hartmann wählte die Delbrückerin Irmgard Klocke, die – allerdings mit 50jährigem Abstand – 1994 rückblickend ihre Erinnerungen an ihre „Kindheit unterm Hakenkreuz" in Delbrück veröffentlichte.[52]

Zur Edition

Der Mühe, die zum größten Teil in deutscher Schreibschrift (Kurrentschrift) – und zum geringeren Teil in lateinischer Schreibschrift – handschriftlich verfassten Tagebücher maschinenschriftlich zu erfassen, unterzogen sich Claudia Hartmann und ihre Tante Cäcilia Hüser, geb. Hartmann.

Die Tagebucheintragungen von Agnes Hartmann werden buchstabengetreu und ohne orthografische oder grammatikalische Korrekturen

---

[48] Rade / Wieners, Die Erinnerungen von Msgr. Philipp Schniedertüns an die Zeit des Nationalsozialismus im Delbrücker Land.
[49] Kretschmann / Rade / Wieners, Chronik der Stadt Delbrück 1901-1950.
[50] Willeke, Chronik der Gemeinde Ostenland.
[51] Sie ist bislang unveröffentlicht.
[52] Klocke, Kindheit unterm Hakenkreuz.

Zur Edition

Abb. 10: Agnes Hartmann, ca. 1932.   **Abb. 11:** Agnes Hartmann, 60er Jahre.

Abb. 12: Agnes Hartmann mit ihrem Neffen Franz (Fränzchen), um 1940.

Einleitung

wiedergegeben, um die Diktion nicht zu verfälschen. An den Stellen, an denen Sätze unvollendet blieben oder Wörter fehlen, werden diese in eckigen Klammern ergänzt. Die Zeichensetzung wird hingegen stillschweigend dort angepasst, wo es für das Verständnis erforderlich erscheint.

Die Einleitung und der Anmerkungsapparat wurden von Hans Jürgen Rade erarbeitet. Der Anmerkungsapparat verfolgt zwei Ziele.

Zum einen dient er der Identifikation der vielen von der Tagebuchschreiberin genannten Menschen. Es muss zwangsläufig weiteren Forschungen vorbehalten bleiben, auch jene Menschen noch zu identifizieren, zu denen keine Informationen zu ermitteln waren. Eine besondere Herausforderung stellt dar, dass die Tagebuchschreiberin die Menschen häufig nicht bei ihren vollen Namen und nicht selten mit jenen Rufnamen nennt, die zwar im allgemeinen Sprachgebrauch gängig waren, aber von ihrer offiziellen Nennung abwichen. Hinter „Trilleken Betchen" verbirgt sich z. B. Elisabeth Bartscher. Wo Kirchenbucheinträge als Quellen herangezogen wurden und wiedergegeben werden, spiegelt die übernommene Diktion der Einträge die Sprache der Zeit.

Zum anderen dient der Anmerkungsapparat dazu, Schilderungen von Agnes Hartmann durch die Hinzuziehung anderer Quellen zu belegen. Über die in die Anmerkungen eingeflossenen Zitate kann aufgezeigt werden, dass Agnes Hartmann sich nur selten irrte.

Die Fotos, die zur Illustration beigefügt worden sind und im Original fehlen, wurden von Claudia und Astrid Hartmann und Johannes Wieners zusammengetragen.

1. Tagebuch 8. September 1942 – Silvester 1943

[Delbr]ück i/[Westf.][53]
Neustadt 76

1942

Dienstag, den 8.9. abends

Jetzt fängt das Neue Buch gleich mit Trauer an. Gestern haben Timmers Nachricht bekommen, daß ihr Georg beim Nahkampf vermißt, vermutlich gefallen sei[54]. Es ist traurig. Es war so ein netter Junge, noch so jung. Und heute morgen wurde gesagt, Brink Franz wäre gestorben. Er ist schon einige Monate im Lazarett, Oberschenkelschuss. Ob es wahr ist, daß er tot ist, dann wird es wieder abgelehnt, dann wieder fest behauptet. Es wäre entsetzlich, wenn es wahr wäre. Im Juni war er noch in Urlaub. Sie sind noch nicht 2 Jahre verheiratet[55], das Kind etwas jünger wie Reinhold[56].

Es ist auf einmal sehr kühl. Wir bekommen einen frühen Herbst.

---

[53] Die Titelseite des Heftes ist stark bekritzelt. Es sind nur noch die Reste der Anschrift zu erkennen.
[54] Sein Name steht unter dem Jahr 1942 auf dem Delbrücker Kriegerehrenmal (Kretschmann, Der Delbrücker Friedhof, S. 49). Im Sterberegister der kath. Pfarrei St. Johannes Baptist ist er nicht verzeichnet.
[55] Der ledige Oberfeldwebel im Felde Franz Brinkmeier aus Delbrück, geb. 22. Februar 1912, und die ledige Josefine Gerling aus Delbrück, geb. 18. Januar 1915 in Delbrück, heirateten am 8. Januar 1941 in Delbrück (KB Delbrück, Bd. 22, S. 175, Nr. 1).
[56] Reinhold Hartmann, geb. 30. Januar 1942 in Delbrück, Sohn von Georg Hartmann und Anastasia Happe und Neffe der Tagebuchschreiberin.

1. Tagebuch, September 1942 – Silvester 1943

Freitag, den 11.9.

Es sind wieder welche gefallen. Der Frau Henke vom Dorffeld ihr einziger Sohn[57], der 2.älteste von Düsterhus[58], Gersbusch[59], und ein Behrhorst in Marsberg verheiratet. Ein Bruder davon ist vor 2 Jahren schon in Frankreich gefallen. Aus Ostenland ist Runten Willi gefallen[60]. Der hätte den Urlaubsschein in der Tasche gehabt, da ist der Russe durchgebrochen, ~~welchen~~ wegen Leutemangel hat Willi wieder vor müssen und ist gleich gefallen. Wenn so viele Trauerfälle auf einmal sind, dann ist eine Stimmung zwischen den Leuten! In Düsseldorf wirds wohl noch schlimmer sein. Heute nacht sind dort die Flieger wieder so gewesen.[61] Die armen Leute!

Doras Mann[62] hat geschrieben, daß er Ende Sept. wohl in Urlaub käme. Das wäre fein!

Josef[63] kann auch noch kommen und wenn Georg[64] wohl noch ent-

---

[57] Der Schütze Stephan Henke aus Delbrück, geb. 21. Oktober 1921, ledig, starb am 9. August 1942 in einem Gefecht bei Ssinotsking (?) sofort nach einen Kopfschuss (KB Delbrück, Bd. 26, S. 228, Nr. 41).

[58] Der Gefreite Heinrich Düsterhus aus Delbrück, geb. 18. September 1919, ledig, starb am 24. August 1942 durch einen Kopfschuss und wurde auf dem „Heldenfriedhof" bei Rschew, eine russische Stadt, 200 km westlich von Moskau, begraben (KB Delbrück, Bd. 26, S. 228, Nr. 44).

[59] Eine heute nicht mehr gebräuchliche Bezeichnung für einen Busch, der zur Gerdesstätte (heute Wessels, Kirchplatz 2) in Delbrück gehörte.

[60] Der ledige Soldat und Landwirt Willy Großekämper genannt Runte aus Ostenland, 34 Jahre 4 Monate alt, starb am 15. August 1942 durch einen Kopfschuss „im Kampf gegen Russland" und wurde bei Kirischi (russische Stadt) am Wolchow begraben. „Er starb den Heldentod fürs Vaterland" (KB Ostenland, Bd. 4, S. 76).

[61] „Düsseldorf war in der vergangenen Nacht das Ziel englische Bombenangriffe" (Bock, Paderborner Tagebuch, S. 190 zum 11. September 1942).

[62] Wilhelm Winkenjohann, geb. 6. Oktober 1906 in Westerloh, gest. 18. April 1984 in Bad Lippspringe, war seit dem 29. April 1936 der Ehemann von Dorothea (genannt Dora) Hartmann, der Schwester der Tagebuchschreiberin. Sie nennt ihn stets Wilhelm im Unterschied zu ihren Bruder Willi Hartmann.

[63] Der Soldat Josef Hartmann, geb. 5. Oktober 1911, der Bruder der Tagebuchschreiberin, gehörte zu den ersten aus Delbrück, die Ende August 1939 zum Wehrdienst eingezogen wurden (Kretschmann / Rade/ Wieners, Chronik der Stadt Delbrück, S. 93). Er starb am 10. August 2003.

[64] Der Soldat Georg Hartmann, geb. 27. Juli 1900, gest. 16. Oktober 1983 in Salzkotten (KB Delbrück, Bd. 34, S. 166, Nr. 40), der Bruder der Tagebuchschreiberin, gehörte zu den ersten aus Delbrück, die Ende August 1939 zum Wehrdienst eingezogen wurden (Kretschmann / Rade/ Wieners, Chronik der Stadt Delbrück, S. 93). Er

lassen wird. Willi⁶⁵ schrieb wegen einer Rekl. (Ernteurlaub oder so etwas ähnliches)⁶⁶. Wir wollen es machen. Es kann dann sein, daß er dann auch hier ist. Dep. Johann⁶⁷ kommt nächste Woche in Urlaub. Er und Josef haben sich in den 3 Jahren noch nicht wieder gesehen. Es ist wieder recht warm. Es gibt Platz auf den Kanalwiesen. Unsern Grummet haben wir weg.

Montag, den 14. Sept.

Heute morgen war von ¼ 4 bis ½ 6 Uhr Alarm. Gestern mittag auch. Wir waren im Verner Bruch. Lübbers Liesbeth, Dora und ich waren zu Fuß nach Verne. Um 5 Uhr sind wir losgegangen. Er war sehr schön. Heute tun einem die Beine wohl weh. Heute nachmittag wollen wir im Heitfeld⁶⁸ Kartoffeln ausmachen.

Josef schrieb vom 30.8. Es geht ihm noch gut. Zu Essen hätte er. Wenn er Kohldampf hätte, schriebe er.

Freitag, den 25. Sept.

Wir haben von Josef schon Post vom 10.9. Vor 8 Tagen haben wir einen langen Brief bekommen. Es geht ihm noch gut.

Brink Franz ist jetzt doch tot⁶⁹. Am Dienstag haben sie Nachricht bekommen. Es tut einem doch so leid. Ebenso haben Timmers Bescheid

---

war seit dem 25. September 1934 (KB Delbrück, Bd. 22, S. 151, Nr. 17) verheiratet mit Anastasia Happe, geb. 5. August 1905 in Elsen (Hucke, Das Kirchspiel Elsen einst und jetzt, S. 217), die 1994 starb.

⁶⁵ Wilhelm (gen. Willi) Hartmann, geb. 12. Dezember 1903, gest. 27. September 1979 in Paderborn, war ebenfalls ein Bruder der Tagebuchschreiberin.

⁶⁶ Als Reklamierung wurde bereits im Ersten Weltkrieg das Freistellen von zum Kriegsdienst eingezogenen Soldaten für zivile, zumeist kriegswichtigte, Arbeiten bezeichnet.

⁶⁷ Der Gefreite Johann Depenbusch, geb. 16. Juli 1879, gest. 15. April 1978 in Delbrück, seit dem 28. August 1929 verheiratet mit Elisabeth Hartmann, der Schwester der Tagebuchschreiberin, gehörte zu den ersten aus Delbrück, die Ende August 1939 zum Wehrdienst eingezogen wurden (Kretschmann / Rade/ Wieners, Chronik der Stadt Delbrück, S. 93).

⁶⁸ Areal zwischen dem Rellerweg, dem Heifeldweg und der Hövelhofer Straße, Delbrück.

⁶⁹ Der Oberfeldwebel Franz Brinkmeier aus Delbrück, geb. 22. Februar 1912, verheiratet, Vater eines Kindes, wurde am 23. Juli 1942 in Russland schwer verwundet und starb am 8. September 1942 im Lazarett (KB Delbrück, Bd. 26, S. 228, Nr. 42).

bekommen, daß Georg tot ist. Man hat ihn im Schützengraben gefunden. Von Brinkschröder an der Rietbergerstr. ist der Älteste gefallen[70]. Er war von Kind auf bei den Großeltern in Westerloh. Von Doras Nachbarschaft ist auch einer gefallen. Alles bei Rschew[71].

Dep. Johann ist vor 8 Tagen gekommen. Doras Mann kann jeden Tag kommen. Wenn Josef doch auch mal bald kommen könnte!

Von Willi hören wir nichts von dem Gesuch. Hoffentlich gibts was. Georg kann auch diese Woche kommen. Es könnte sich auch noch einige Wochen hinziehen. Diese Tage haben wir des Abends mal die gefallenen Krieger aufgezählt. Wir kamen an 38, die hier zur Kirche gehören. Voriges Jahr, ehe es in Rußland anfing, war in Delbr. direkt noch keiner gefallen, jetzt schon 15-17.

Sonntag, den 27. Sept.

Wilhelm ist in Urlaub! Gestern, als Heini[72] von Ostenland kam, brachte er ihn mit. Wilhelm hat aus dem Zug ihn angerufen. Wilhelm stand dann noch bei Depenbusch, als Heini hier ankam und sagte: „Wen habe ich wohl mitgebracht?" Die Freude ist groß! Heute sind sie hier, morgen wollen sie nach Haus. Übermorgen wollen wir alle hin, die Kinder haben Kartoffelferien, und Kartoffeln ausmachen.

Eben war ein Kamerad von Josef hier, ein Rempe aus Paderb. Er hatte Sonderurlaub wegen Bombenschaden. Er will gleich herein kommen und für Josef ein Paket mitnehmen. Josef kann auch jeden Tag kommen, soll man meinen. Der Urlaub wäre wieder los.

---

[70] Der Soldat Johannes Brinkschröder, Schütze in Russland, geb. 23. September 1913 in Warstein, der seit seinem 2. Lebensjahr bei seinem Onkel, den Wegewärter Humann, in Westerloh-Lippling, wohnte, starb am 4. September 1942 bei den „harten Abwehrkämpfen südlich des Ladogasees" und wurde auf dem „Heldenfriedhof" Rulkolavav, 140 km südlich von Schlüsselburg an der Newa, östlich von St. Petersburg, begraben (KB Lippling, Bd. 3, S. 55, Nr. 10).

[71] Rschew, eine russische Stadt, 200 km westlich von Moskau.

[72] Heinrich (gen. Heini) Hartmann, geb. 12. Februar 1913, der jüngste Bruder der Tagebuchschreiberin. Er legte 1932 das Abitur am Gymnasium Theodorianum in Paderborn ab (Vorstand der Vereinigung ehemaliger Theodorianer (Hg.), Verzeichnis der Abiturienten des Gymnasium Theodorianum, S. 26). Er lebte seit ca. 1953 in Gütersloh-Avenwedde, wo er als Rendant tätig war. Er starb am 15. April 2007. Am 25. November 1947 heiratete er in Delbrück (KB Delbrück, Bd. 22, S. 193, Nr. 29) Juliana (gen. Julia) Kamberger, geb. Kerkhoff, geb. 3. Januar 1912 in Oberhausen, gest. 12. Dezember 2001.

Tante Dortchen[73] und Konrad[74] seine Frau[75] sind heute morgen gekommen. Hier waren sie noch nicht. Morgen wird Trilleken Betchen von der Oststraße beerdigt[76]. Berkemeiers Wilm ist auch gefallen[77]. Er war in Ölde verheiratet. Ein Alois Schmidt ist vermißt.

Samstag, den 3. Okt. morgens

Gestern Abend ist Georg wieder gekommen. Gott sei Dank! Einen haben wir erst dazwischen weg! Es ist wieder ein Verheirateter gefallen, Gerken Theo[78]. Der Karl ist vor einem Jahr schon gefallen[79]. Jetzt der 2.te aus der Familie. Es ist furchtbar, wen es so trifft.

Sonntag, den 4. Oktober abends

Heute waren Dora und Wilh. hier. Übermorgen wollen sie wieder kommen. Morgen muß ihr Martin wieder weg. Wenn das Weggehen nicht

---

[73] Anna *Dorothea* (genannt Dortchen) Hartmann, geb. 27. September 1878 in Delbrück, gest. 3. Februar 1958 in Dortmund, heiratete am 12. April 1902 in Delbrück (KB Delbrück, Bd. 22, S. 34, Nr. 12) Wilhelm Bernard Rempe, geb. 1875 in Thüle, Bremser in Dortmund. Sie war eine Schwester des Vaters der Tagebuchschreiberin. Der Eisenbachgepäckarbeiter Bernhard Rempe starb am 22. Juli 1930 in Dortmund (LAV NRW OWL, P 6/6 (Standesämte Dortmund-Mitte II), Nr. 1369, Nr. 543/1930).

[74] Konrad Rempe, geb. 24. November 1904 in Dortmund, gest. ebd. 24. September 1982, Sohn von Dorothea Rempe, geb. Hartmann.

[75] Elisabeth Anna Köhler, geb. 23. Oktober 1913, gest. 17. Dezember 1992 in Dortmund, heiratete am 8. November 1936 Konrad Rempe (s. Anm. [74]).

[76] Maria *Elisabeth* Bartscher in Delbrück, geb. 19. September 1876, ledig, starb am 23. September 1942 an einem Magenleiden und wurde am 28. September 1942 in Delbrück begraben (KB Delbrück, Bd. 26, S. 230, Nr. 31).

[77] Sein Name steht auf dem Kriegerehrenmal in Boke mit dem Sterbedatum 14. September 1942 (www.denkmalprojekt.org/2012/boke_stadt-delbrueck_kreispaderborn_wk1_wk2_nrw.html. Zugriff: 04.05.2019)

[78] Sein Name steht auf dem Delbrücker Kriegerehrenmal unter den in Gefangenschaft Verstorbenen (Kretschmann, Der Delbrück Friedhof, S. 50). Im Sterberegister der kath. Pfarrei St. Johannes Baptist ist er nicht verzeichnet.

[79] Der Kraftfahrer Karl Gerken, aus Delbrück-Dorffeld, in Estland im Einsatz, geb. Delbrück 5. Februar 1921, ledig, starb am 4. August 1941, nachdem er mit einem Motorrad verunglückt war, und wurde auf dem Ehrenfriedhof Fellin, heute Viljandi, in Estland begraben (KB Delbrück, Bd. 26, S. 226, Nr. 12). „Am 4.7.41 fiel Karl Gerken, geb. 5. 2. 1921 zu Delbrück, Sohn des […] Lokomotivführers Heinrich Gerken." (Kretschmann / Rade / Wieners, Chronik der Stadt Delbrück, S. 98).

1. Tagebuch, September 1942 – Silvester 1943

Abb. 13: Messdienerleiter, v.l. Theo Fecke, Helmut Strunz-Happe und Bruno Hammerschmidt, um 1940.

wäre!

Von Josef ist die letzte Post vom 23.9. Am 30. bekam Dora schon den Brief. Er schreibt nichts von Urlaub. Eben hat Göring[80] geredet. Jeder Urlauber soll an der Grenze ein Paket erhalten, mit Mehl, Butter und Wurst!!!

Freitag, den 9. Okt. 1942

Eben war Kleins Georg[81] hier, er hatte von Josef Post vom 2. Okt. Es war vor 8 Tagen. Es geht ihm noch gut. Das ist die Hauptsache. Er hoffe

---

[80] Hermann Göring (1893-1946) war Oberbefehlshaber der Luftwaffe und maßgeblich in der Vorbereitung und Durchführung des Holocausts. Er begab sich im Mai 1945 in amerikanische Gefangenschaft und beging 1946 kurz vor der angesetzten Hinrichtung Selbstmord.

[81] Der ledige Bäckermeister Georg Kleine aus Salzkotten, geb. 27. Dezember 1901 in Delbrück, starb am 18. November 1961 in Salzkotten und wurde am 21. November 1961 in Delbrück begraben (KB Delbrück, Bd. 34, S. 39, Nr. 60). Er wurde 1939 zum Wehrdienst eingezogen (Kretschmann / Rade / Wieners, Chronik der Stadt Delbrück, S. 95).

diesen Herbst über Winter in Urlaub zu kommen! Willi schrieb gestern, er ist in Calais. Erst gibts noch keinen Urlaub. Wilhelm muss in 8 Tagen auch wieder weg. Man darf noch nicht daran denken. In Rußland sind sie noch nicht viel weiter. Stalingrad müßte wohl jeden Tag fallen. Das Wetter ist prima diesen Herbst, seit gestern regnet es in Schauern.

Heute war für Düsterhus Heini Seelenmesse.

Montag, den 12. Okt. abends

Heute morgen sind Dora und Wilhelm nach Hause gefahren. Donnerstag muß Wilhelm nochmal zum Zahnarzt, dann nimmt er Abschied. Ich wollte, wir wären erst 8 Tage weiter.

Gestern sind wieder mehrere von Rußland in Urlaub gekomen. Die Gestapo ist bei Happen[82], Fecken[83] und Hammerschmidt[84] gewesen. Die Jungen sind Meßdienerführer. Man hat Katechismus und Bibel mitgenommen!

---

[82] Helmut Strunz-Happe, geb. 5. Oktober 1927 in Delbrück, gest. 25. Januar 2015, Sohn des Delbrücker Kohlenhändlers Franz Happe und seiner Frau Maria Peitzmeier, war in seiner Jugend Messdienerleiter, später Kaufmann in Delbrück.

[83] Theo Fecke, geb. 19. August 1926 in Delbrück, gest. 18. August 2016, war in seiner Jugend Messdienergruppenleiter, später Lehrer in Hagen.

[84] Bruno Hammerschmidt, geb. 12. April 1926 in Haaren, aufgewachsen in Delbrück, gest. 29. November 2011 in Monschau-Imgenbroich, war in seiner Jugend Messdienergruppenleiter, später Forstbeamter in der Eifel. „Als ich am 7. Oktober meine häuslichen Schulaufgaben machte, schellte es an der Korridortür. Mein Vater öffnete [....]. Männer der ‚Geheimen Staatspolizei' stellten mir Fragen und verhörten mich. Sie kamen von der Staatspolizeistelle Bielefeld, Außenstelle Paderborn. [...] Besonders mein Schlafzimmer wurde, wie sie sagten, nach feindpolitischem Material durchsucht. Sie nahmen Schriften und Bücher mit. Aus den Andeutungen in den Gesprächen erahnte ich, daß noch zwei meiner Freunde, auch Gruppenführer, eine Hausdurchsuchung bevor stand.[...] In einem Schreiben vom 10. Oktober 1942 wurden wir drei für Mittwoch, den 14. Oktober 1942 in die Außenstelle Paderborn, Ferdinandstraße 62 a, zur Vernehmung und als Zeuge geladen. [...] Ich wurde stundenlang von mehreren Gestapoleuten verhört und gequält. Scheinwerfer wurden auf meine Augen gerichtet. Einerseits wollten sie mich mit gutem Zureden beeinflussen, andererseits mich zum Teil mit Gewalt zwingen, Erklärungen zu unterschreiben. - Angeblich hätten die Gestapoleute belastendes, volksfeindliches und prosemitisches Schriftmaterial und Anmerkungen in meinen Büchern gefunden. [...] Ich sollte Namen und Personen nennen, die uns verführt hätten. Alle Anschuldigungen habe ich beharrlich bestritten. [...] Ich hatte geistig und körperlich vollkommen abgebaut und abgeschaltet, hatte auch kein Schmerzempfinden mehr." (Hammerschmidt, Eindrücke auf der Lebensstrasse, S. 57-58).

1. Tagebuch, September 1942 – Silvester 1943

Sonntag, den 18.10 morgens

Jetzt haben wir schon 2 Mal geschlafen und immer noch ist Wilhelm auf der Bahn. Dienstag - Mittwoch ist er erst da. Am Freitag ist er abgefahren. Sie waren hier seit Donnerstag nachmittag.

Mama bekam von Josef gestern ein Päckchen Kaffee. Vom 21. Sept. Auch er hofft im Lauf des Winters zu kommen. Man braucht sich nicht darauf freuen. Das Weggehen ist furchtbar.

Heute hätten sie für den Behrhorst gebetet. Die Frau weiß es jetzt.

Ich habe seit 10 Tagen ein Zahngeschwür. Es ist aber durch.

Allerheiligen 1942

So richtiges Allerheiligenwetter. Vorige Woche war es die ganze Woche sehr schön, heute regnet es in Strömen. Wilhelm ist erst am 22. Okt. angekommen. Vom 24. hat er geschrieben. Josef und auch Willi können jeden Tag kommen. Gibt das eine Freude!

Stalingrad ist noch immer nicht gefallen. In Afrika geht es wieder toll her. Ob es zur Entscheidung kommt? Mit Alarm haben wir schon lange keine Last mehr gehabt.

Müllers Paul ist in Urlaub. Fecken Georg[85] mußte heute morgen auch weg und noch mehrere, alles Gediente. Sie können in einigen Wochen schon dazwischen sein. Dora hat diese Woche Mietsleute bekommen. Sie hat die Frau aus Salzkotten genommen. Sie hat 2 Kinder.

Donnerstag, den 5. Nov. abends

Heute war Hebetag der Kirchensteuer. Heini 2 Tage nach Soest, er nimmt an einem Luftschutzkursus teil. Da mußte ich die Steuern annehmen.[86]

Mama ist wieder krank. Gestern mittag bekam sie plötzlich einen furchtbaren Schüttelfrost. Wir haben nachher den Dr. noch gehabt. Sie hat wieder die Rose am Beim. Heute geht es aber besser. Willi schrieb vom 31.10. Er kommt noch nicht in Urlaub. Weihnachten soll er wohl an die Reihe kommen. Von Josef haben wir die letzte Post vom 15.10.

---

[85] S. Anm. 45

[86] Heinrich (genannt Heini) Hartmann, der Bruder der Tagebuchschreiberin, führte seit dem 1. Januar 1940 die Kirchenkasse der Pfarrei Delbrück (Pfarrchronik Delbrück, S. 40). Zu seinen Aufgaben zählte, die Kirchensteuern der Mitglieder der Pfarrei zu erheben.

November 1942

Er muß eigentlich jeden Tag hier ankommen. An Mia[87] hatte er vom 11. geschrieben, daß er der erste wäre, der fahren könnte. Es ist vielleicht wieder was dazwischen gekommen. In Afrika stimmt auch was nicht. Altmanns Karl hat zuletzt vom 8. Sept. geschrieben[88] und Depenbusch Jupp[89] vom 13. Sept.

Der Schlingmann vom Dorfe ist sterbenskrank. Er würde nicht wieder gut. Es ist furchtbar! Die Frau ist im Frühjahr gestorben[90], als Änne[91] so krank war. Es sind 7 Kinder da, der älteste 18[92], das jüngste wie unser Willi[93].

Sonntag, den 8. Nov. abends

Josef ist da! Gestern morgen rief die Post an, ob wir das wohl wären, für Familie Hartmann wäre ein Telegramm da aus Bialystock[94]. Tina hat gefragt, was denn wohl drauf stände. „Komme 8.11. Hoffmann." Ja, das gehörte uns. Der Heißen brachte es uns dann! Das war eine Freude! Wir haben uns ins Vorne gearbeitet, und uns überlegt, wie wir ihn dann in Empfang nehmen wollten. Alle wollten zur Bahn!

Gestern abend nun waren Joh. und Tina noch auf, bis ½ 11 Uhr. Mit dem Zug kam keiner. Um 12 Uhr dann wurden wir aus dem Bett geschmissen! Hüsers Jupp[95] rief uns. Josef war da. Er ist ½ 11 Uhr mit

---

[87] Maria (genannt Mia) Witte in Anreppen.
[88] Sein Name steht auf dem Delbrücker Kriegerehrenmal unter den Verstorbenen des Jahres 1942 (Kretschmann, Der Delbrück Friedhof, S. 49). Im Sterberegister der kath. Pfarrei St. Johannes Baptist ist er nicht verzeichnet.
[89] Johann Joseph Depenbusch, geb. 9. März 1912 in Dorfbauerschaft (KB Delbrück, Bd. 20, S. 101, Nr. 52), Bruder von Johannes Depenbusch.
[90] Katharina Westerhorstmann, geb. Schlingmann, aus Dorfbauerschaft, geb. 29. April 1903, starb am 25. Februar 1942 im Alter von 38 Jahren im Paderborner Herz Jesu-Krankenhaus an einem Gallenleiden (KB Delbrück, Bd. 26, S. 225, Nr. 9). Vgl. Rade, 700 Jahre Schlinghof vor der Sudmühle, S. 4.
[91] Eine Nachbarin (Angabe von Cäcilia Hüser, geb. Hartmann).
[92] Heinrich Westerhorstmann (gen. Schlingmann) (s. Anm. [237]).
[93] Wilhelm (genannt Willi) Hartmann, geb. 20. Januar 1941, gest. 2. September 2012, Sohn von Johannes Hartmann und Katharina Sandtüns, Neffe der Tagebuchschreiberin. Am 9. Januar 1943 schrieb Wilhelm (genannt Willi) Hartmann, der Bruder der Tagebuchschreiberin, der Familie Hartmann: „Schicke Euch anbei wieder eine Kleinigkeit. Hoffendlich passen Willi die Schühchen. An hohe ist überhaupt nicht dran zu kommen." (Sammlung Claudia Hartmann, Potsdam).
[94] Białystok, Großstadt im Osten Polens.
[95] Der ledige Josef Hüser in Delbrück, geb. 29. Mai 1903, starb am 7. September 1963

1. Tagebuch, September 1942 – Silvester 1943

Abb. 14: Bahnhof Delbrück, 1902.

dem Zug gekommen. Er geht bei Bükers[96] rein, um eben ein Glas Bier zu trinken, da haben sie ihn eine Stunde festgehalten. Wir sind dann noch aufgewesen bis 3 Uhr. Josef sieht schlecht aus. 20 Pfund hat er abgenommen. Er ist jetzt so schlank wie unser Heini. Jetzt ist er nach Mia[97]! Heini und Kleins Georg[98] sind auch mit. Sie wollten nach Laumes[99]. Mama liegt noch zu Bett, es geht ihr aber besser. Der Schlingmann ist tot, wird Dienstag beerdigt.[100] Bösen haben ein Kind tot[101]. Gehört bei

---

als Rentner in Delbrück.

[96] Familie Menneken, Hotel zur Post, Lange Straße 80, Delbrück (KB Delbrück, Bd, 34, S. 45, Nr. 56).

[97] Maria Witte aus Anreppen, Verlobte von Josef Hartmann.

[98] Zu Georg Kleine s. Anm. [81]

[99] Gaststätte Laumes Kamp, Boker Straße, Delbrück.

[100] Josef Westerhorstmann genannt Schlingmann aus Dorfbauerschaft, geb. 18. August 1893, starb am 5. November 1942 im Alter von 49 Jahren an einem Leberleiden und wurde am 10. November 1942 in Delbrück begraben (KB Delbrück, Bd. 26, S. 230, Nr. 39). Vgl. Rade, 700 Jahre Schlingmann vor der Sudmühle, S. 4.

[101] Bernard Westermeier genannt Böse aus Dorfbauerschaft, geboren 5. Februar 1941, starb am 6. November 1942 im Paderborner Herz Jesu-Krankenhaus an einer Gehirnhautreizung (KB Delbrück, Bd. 26, S. 230, Nr. 40).

unserm Willi[102].

Dienstag, den 10. Nov.

Heute Morgen wurde der Schlingmann beerdigt. Es war eine große Beerdigung. Solch ein trauriger Fall ist auch lange nicht gewesen.

Gestern abend war wieder Luftalarm. Es war schlimm. Ob es Bielefeld war oder Osnabrück? Im Wehrmachtsbericht hat man noch nichts gesagt davon.

Josef war gestern nach Mia. Jetzt ist er nach Onkel Wilh.[103]

Mittwoch, den 17. Nov.

Morgen wird der Schlingmanns Junge, 15 Jahre alt, beerdigt.[104] Er ist nicht lange krank gewesen. Als der Vater so krank war, lag der Junge auch schon recht schlecht. Wenn es einmal in der Familie ist, bleibt es erst dran. Der alte Heimes ist auch gestorben.[105] Er war über 80 Jahre alt und recht kränklich.

Am Sonntag war Josef seine Mia bei uns. Sie hat auf uns allen einen guten Eindruck gemacht.

Sie hat uns wirklich gut gefallen, sie paßt so bei uns.

Josef hat die Hälfte jetzt auch herum. Er hat schon mehrere Bekannte getroffen, die im Urlaub sind. Auch den Büsers Johann[106]. Sie haben sich in Rußland mal beim Gottesdienst getroffen.

---

[102] S. Anm. 93.
[103] Neubauer *Wilhelm* Anton Hartmann, geb. 10. Januar 1866 in Delbrück, gest. 14. August 1951 in Delbrück-Feldmark, Bruder des Vaters der Tagebuchschreiberin.
[104] Bernard Westerhorstmann genannt Schlingmann aus Dorfbauerschaft, geb. 21. Mai 1927, starb am 13. November 1942 im Alter von 15 Jahren an einer Gehirnhautreizung und wurde am 18. November 1942 in Delbrück begraben (KB Delbrück, Bd. 26, S. 230, Nr. 41).
[105] Stephan Conrad genannt Heinrich Westerhorstmann genannt Heimes, geb. 25. Februar 1860, starb am 16. November 1942 im Alter von 82 Jahre an Altersschwäche (KB Delbrück, Bd. 26, S. 230, Nr. 42). Vgl. Rade, Die Geschichte des Seglingshofes, S. 156. Er war der Vater von Josef Westerhorstmann genannt Schlingmann (s. Anm. 100) und Großvater von Heinrich und Bernard Westerhorstmann genannt Schlingmann (s. Anm. 237 u. 104).
[106] Johannes Büser, geb. 22. Oktober 1908 in Delbrück, starb ledig am 30. April 1976 in Dortmund-Aplerbeck. Er lebte in Hemer-Bredenbruch.

1. Tagebuch, September 1942 – Silvester 1943

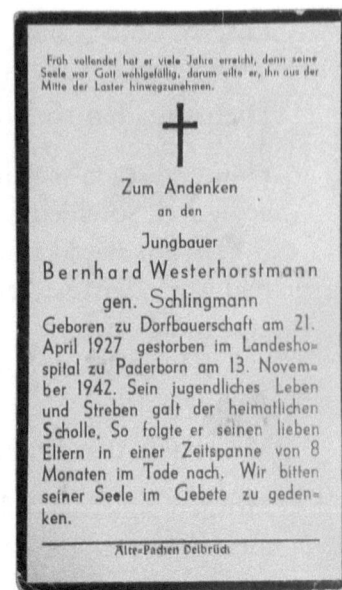

Abb. 15: Totenbildchen von Katharina, Josef und Bernhard Westerhorstmann, gen. Schlingmann.

Wir stehen vor großen Entscheidungen. Am 8. ist der Amerikaner in Algier gelandet. Wir haben dann die Küste von Südfrankreich besetzt. Gestern sind deutsche Truppen in Tunesien gelandet. In Afrika scheint es, dass es sich jetzt entscheidet. Rommel zieht sich planmäßig zurück. Tobruck[107] ist geräumt und wie heute gesagt wurde, auch Derna[108]. Dep. Josef ist dabei. Kükmanns Stefan[109] ist auf einem Kutter krank geworden und jetzt in Griechenland im Lazarett. Das kann sein Glück sein.

Der Hüser-Klaremeiers Konrad ist gefallen[110]. Er ist nur der einzigste Junge. Freitag ist das Levitenamt.

---

[107] Tobruk, Hafenstadt im Nordosten Lybiens.
[108] Darna, Hafenstadt im Nordosten Lybiens.
[109] Der ledige Obergefreite Stefan Kückmann vom Walde, geb. 16. Mai 1921, starb nach einer Meldung vom Juli 1950 im August 1944 an der Marne (KB Delbrück, Bd. 26, S. 244, Nr. 217).
[110] Der Gefreite Konrad Hüser-Clarenmeier aus Delbrück-Nordhagen, geb. 11. September 1911, ledig, starb am 27. Oktober 1942 durch Granatsplitter und wurde auf dem „Heldenfriedhof" bei Stalingrad begraben (KB Delbrück, Bd. 26, S. 228, Nr. 46).

November 1942

Montag den 23.11. 1942 abends

Gestern hat sich Josef mit Mia[111] verlobt! Die Feier war bei uns. Es war sehr schön. Es kam alles so plötzlich, am Donnerstag fiel es erst vor. Mia hatte es lieber, es ist auch besser so! Weil Mama es mit dem Bein hat und von uns konnte fast keiner nach Anreppen kommen, so war die Feier bei uns. Wir hatten uns nochmal angestrengt mit Backen und Witten[112] hatten auch 2 wunderschöne Torten gebacken u. 1 Kuchen und so hatte Jos. noch was zusammen gekriegt an Wein und Rauchware. Es war wirklich fein, so recht gemütlich. Jetzt müssen wir rüsten für die Weihnachtspäckchen, die müssen bis Sonntag weg, dann feiern wir nochmal Kathrinenmarkt und müssen wir an Josef seinen Abschied denken.

Samstag, abends den 28.11.

Josef ist nun schon den 2. Abend weg. Er ist jetzt schon in Rußland, bis er an Ort und Stelle ist, wird wohl dauern bis Donnerstag. Wenn wir erst nur Post wieder hätten. Gestern morgen um 7 ist er gefahren, er war sehr gefaßt, sie sind auch schon viel gewohnt. Es ist auch besser, wenn sie morgens fahren, wenn sie abends fahren, hat man sie den ganzen Tag vor sich. Eine große Freude hat Josef noch gehabt, unser Willi kam nämlich Dienstag nacht in Urlaub. So waren wir alle drei Tage zusammen. Am Mittwoch haben wir dann noch gefeiert, die Päckchen sind auch weg. Jetzt kommt man langsam in Ruhe. „Es geht alles vorüber" haben wir viel gesungen in diesen Tagen. Es ist auch ein Glück, daß auch die schweren Tage und Stunden vorübergehen.

Willi hat noch bis 9. Dez. Sie werden wohl in Frankreich bleiben. Müllers Paul ist auf dem Wege nach Rußland. Alle paar Tage passiert was Neues. In Afrika sind unsere Truppen sehr zurückgegangen. Mit Frankreich stimmt es auch nicht, unsere haben gestern Hafen und Stadt Toulon besetzt. Es geht niemals gut.

Die Kinder vom 6. Schuljahr haben diese Woche den Beitrag für den Kindheit-Jesu-Verein eingezogen. Die Polizei ist schon wieder dahinter. Beim Vik. Störmann[113] waren sie auch. Die Kinder hat man zum Amt

---

[111] Josef Hartmann, der Bruder der Tagebuchschreiberin, und Maria Witte aus Anreppen.
[112] Die Familie der Braut Maria Witte aus Anreppen.
[113] Hans Störmann, geb. 16. April 1898, Priesterweihe 1923, gest. 8. September 1968, war ab dem 4. August 1939 I. Kaplan in Delbrück. Er musste bereits 1941 ein Ver-

geholt und verhört. Man scheint wenig Sorgen zu haben, daß man jetzt im Kriege noch sogar hinter alles her ist.

Morgen ist der 1. Adventsonntag. Wir haben den Adventskranz hängen. Man muß jetzt etwas rüsten für Weihnachten, obschon man keine Freude daran hat, es ist auch schon das 4. Kriegs-Jahr-Weihnachtsfest.

Die Kinder bekommen schon am 14. Dez. Ferien, bis zum 12. Jan. Es sind 4 Wochen, wegen Kohleersparnis.

Freitag, den 4.12.

Josef schrieb heute vom 28. von der Grenze.

Lübben Bernard[114] ist schwerverwundet. Das linke Bein soll er wohl verlieren. Es ist schrecklich. Aber er hat das Leben noch. Wenn er nur dazwischen ist. Er war auch bei Reschew. Am 25. hat der R. dort wieder angefangen. Wenn Josef erst von da geschrieben hätte! Wo Wilhelm ist, geht es auch furchtbar her.

Man hat die Uhrglocke vom Turm geholt.[115] Sie ist aus dem Jahr 14.... 500 Jahre hat sie oben gesessen, hat manchen Krieg erlebt, und in diesem Krieg muß man sie gebrauchen. Wenn dies nur gut geht.

Mittwoch, den 30.12.

In den drei Wochen ist allerhand passiert. Am 8. mußte Willi dann weg. Es ist gut, daß er nicht nach Rußland brauchte, der Abschied wurde ihm schwer wie Josef. Beide sind gut gelandet bei der Einheit. Willi verbessert sich wahrscheinlich, er hat eine andere Nr. Er meine nach Deutschland zu kommen. Wir sind doch gespannt. Josef schrieb zuletzt vom 13.

---

hör durch den Ortsgruppenleiter und eine dreiwöchige „Schutzhaft" durch die Geheime Staatspolizei über sich ergehen lassen (Kretschmann / Rade / Wieners, Chronik der Stadt Delbrück, S. 107 und 121). Am 28. Februar 1943 wurde im Publicandum der Kirche in Schöning bekanntgegeben, dass Vikar Störmann ernstlich erkrankt sei (Publicandum in Schöning 1941-43).

[114] Bernhard Lübbers aus Dorfbauerschaft, geb. 11. März 1912, und Maria Merschmann aus Espeln, geb. 19. August 1916, heirateten am 9. April 1940 in Delbrück (KB Delbrück, Bd. 22, S. 174, Nr. 5).

[115] „Anfangs März [1942, d. B.] sind 3 Glocken aus dem Turm geholt. Nach Mitteilung der kirchl. u. weltl. Behörde durften wir die 2.größte Glocke, welche 1518 gegossen ist, behalten u. eine kleine Uhrglocke, welche aus dem 12. Jahrh. stammt u. die älteste im Kreise sein soll. Die andere Uhrglocke sollte schon im März [1942] abgenommen werden, ist aber erst Nov. geholt" (Pfarrchronik Delbrück, S. 48).

Dezember 1942

Abb. 16: Blick aus dem Kirchturm auf Krankenhaus und Schule, um 1930.

Er ist nach vielen Hindernissen bei seiner Einheit angekommen. Mit der Bahn muß da wohl was nicht gestimmt haben, er ist nämlich ausgestiegen und hat sich auf eigene Faust durchgeschlagen, mit L.K.W u.sw. Bis jetzt ist ihre Div. noch nicht wieder eingesetzt. Die Div. links und rechts sind jetzt dran. Die Stadt Reschw[116] sei bis jetzt noch ohne Kampf.

Am 14. Dez. bin ich am[117] Blinddarmentzündung operiert. Ich hatte am Sonntag schon Schmerzen, die sich immer verschlimmerten. Am Montag morgen holten wir den Arzt, da bin ich gleich ins Krankenhaus gekommen. Um ½ 9 war ich schon operiert. Es kam alles so plötzlich, daß man es manchmal selbst nicht glaubte. Weil ich noch so schachmatt war, bin ich Heiligen Abend und den I. Weihnachtstg noch im Krankenhaus geblieben. So habe ich Weihnachten mal dort erlebt. Jetzt muß ich mich mal wieder erholen. Der kleine Reinhold ist in Paderborn im Krankenhaus, er hatte Mittelohrentzündung und jetzt noch Lungenentzündung dabei. Nächste Woche soll er wohl wiederkommen dürfen.

Tante M.[118] hat es an der Zunge. Sie war hier beim Schmidtmann[119],

---

[116] Rschew.
[117] Im Text steht tatsächlich „am" statt „an".
[118] Maria Riekschnietz (s. Anm. [4]).
[119] Dr. med. Josef Schmidtmann, geb. 25. Oktober 1898 in Anröchte, gest. 25. Mai 1986 in Paderborn, wirkte ab 1935 in der Nachfolge seines Schwiegervaters Dr. med.

der hat sie nach Dr. Wachter[120] überwiesen. Tante war gestern hier. Der hat sie nach Münster überwiesen. Wenn es nur kein Krebs ist! Es wäre entsetzlich!

Fränzchen[121] wird heute 6 Jahre alt.

1943

Samstag, den 9.1.

Tante ist am Montag nach Münster gefahren. Tina war mit. Am Mittwoch ist sie operiert. Es ist erst weggeschickt, was es ist. Wir sind ja auch gespannt. Tante schrieb heute, es geht ihr sonst gut. Sie dürfe nicht sprechen, deshalb brauche keiner kommen.

Willi schrieb heute, er hat wieder eine andere No.

Josef schrieb zuletzt vom 14.12. Es wird bald Zeit, daß wir wieder Post bekommen. Wilm hat schon vom 30.12. geschrieben. Soeben sagt Änne, Mia[122] hätte vom 30. Post von Josef. Horenkamps Alois[123] ist im Lazareth in Paderborn, er hat Malaria.

Bei Stalingrad ist ein Kessel zu[ge]gangen. Bükers Rudolf[124] ist auch drin u. noch mehrere Delbrücker.

Paul Gockel als praktischer Arzt in Delbrück.
[120] Dr. Hans Wachter (1886-1966), HNO-Facharzt, Liboriberg 33, Paderborn (Bock, Paderborner Tagebuch, S. 136, Anmerkung 191).
[121] Franz Hartmann, geb. 30. Dezember 1936, gest. 21. Juli 1998, Sohn von Johannes Hartmann und Katharina Sandtüns, Neffe der Tagebuchschreiberin.
[122] Maria Witte, die Verlobte von Josef Hartmann.
[123] Alois Horenkamp, geb. 30. Dezember 1909 in Delbrück, am 24. März 1939 in Paderborn zum Priester geweiht, starb am 26. Oktober 1994 in Geseke. Er war Pfarrer in Lemgo (Sammlung Rade).
[124] Rudolf Mennken, Sohn des Gastwirts Johann Menneken gen. Büker, und der Angela Zinselmeier, geb. 10. Oktober 1912 in Delbrück (KB Delbrück, Bd. 20, S. 116, Nr. 201). Der Name „Rud. Menneken" steht auf dem Delbrücker Kriegerehrenmal unter den Verstorbenen des Jahres 1943 (Kretschmann, Der Delbrück Friedhof, S. 49). Im Sterberegister der kath. Pfarrei St. Johannes Baptist ist er nicht verzeichnet.

Januar 1943

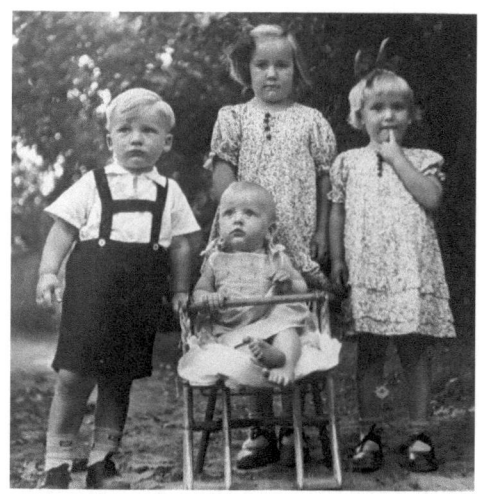 

Abb. 17: Kinder der Familie Hartmann. Links: Theodor, Dorothea, Cäcilia, sitzend: Franz (1938). Rechts: Franz Hartmann (Fränzchen) „spielt" Soldat, 1942.

Samstag, den 16.1.

Bröcklings Josef ist gefallen[125]. Er war bis im Sommer noch in Hamburg. Er war jetzt 8 Jahre Soldat. Auch ein Hils in Sudhagen[126] ist gefallen, er wollte früher mal unser Angela[127] heiraten. Angela hat jetzt auch ihren Stefan. Sie hat sich vor 14 Tagen am Sonntag nach dem Hochamt trauen lassen[128].

Tante Mariechen ist am Donnerstag wiedergekommen. Dora und Heini haben sie abgeholt. Sie ist sehr gut zurecht. Es ist auch nichts Ernstliches, weder T.B. noch Krebs festgestellt worden. Gott sei Dank! Jetzt

---

[125] Der Feldwebel Josef Bröckling aus Delbrück, Zugführer eines Infantrie-Regiments, geb. 10. Aug. 1914, starb am 22. Dezember 1942 bei Luki-Neval (Nevel, russische Stadt am Nevel-See) durch Granatsplitter. Er war sofort tot (KB Delbrück, Bd. 26, S. 228, Nr. 50).

[126] Am 12. Dezember 1943 wurde in der Kirche zu Schöning für den folgenden Mittwoch das erste Jahresseelenamt in Sudhagen für den „gefallenen Krieger Franz Hils" angekündigt (Publicandum in Schöning 1941-43). Franz Hils war geboren am 18. Januar 1910 in Delbrück (KB Delbrück, Bd. 20, S. 46, Nr. 22).

[127] Angela Kemper war Haushaltshilfe im Haus Hartmann.

[128] Die kirchliche Trauung von Stephan Kerkemeier, Arbeiter in Nordhagen, geb. 16. Februar 1910, und Angela Kemper aus Nordhagen, geb. 14. Juni 1914, erfolgte am 3. Januar 1943 in der Delbrücker Pfarrkirche (KB Delbrück, Bd. 22, S. 179, Nr. 1).

kann sie noch gut einige Jahre bei Neukirchs mit Fleitmanns Anna wohnen bleiben. Sie haben sich gut aneinander gewöhnt. Der kleine Reinhold ist noch immer in Paderborn, schon vom 11. Dez. Die Mittelohr- und Lungenentzündung sind gut überstanden, jetzt ist eine schwere Ernährungsstörung eingetreten, er kann fast nichts vertragen. Hoffentlich kommt er wieder durch.

Josef schrieb diese Tage an Dora vom 27.12. Willi gehts auch noch gut. Wir haben heute noch Post bekommen.

Lübben Bernard ist jetzt in Fulda. Hedwig will Mittwoch hin. Vielleicht fährt Dora mit.

Depenbusch Johann muß in 8 Tagen wieder weg. Ihr Papa gehts besser.[129]

Soeben war wieder Voralarm. Die Flieger sind sehr im Industriegebiet gewesen, bes. in Essen.[130]

Sonntag, den 31. Jan.

Heute nacht war wieder Alarm, daher fangen die Messen erst um 10, 11 u. 1 Uhr an.

Reinhold wurde gestern 1 Jahr alt, es geht ihm wieder besser. Gott sei Dank.

Gestern waren Reden wegen 10jähr. Machtübernahme. Hitler hat nicht geredet!
Das erstemal nicht! Wir leben in einer furchtbaren Zeit! In Stalingrad sind eine ganze Armee, die 6., eingekesselt. Es sind sehr viele Bekannte dabei. Die armen Kerls!
Man kann weinen! Und wofür? Bükers Rudolf hat geschrieben, sie sollen sich sein Geld nur verteilen, er sähe Delbrück nicht wieder. Es ist entsetzlich!

Es sind neue Gesetze herausgekommen. Alles, Mann und Frau, jung und alt, stark und schwach muß sich einsetzen zur Arbeit. Wir sollen

---

[129] Heinrich Depenbusch, Oberpostschaffner in Delbrück, geb. 22. Juni 1862 in Bokel, gest. 17. Januar 1947 in Delbrück (KB Delbrück, Bd. 26, S. 245, Nr. 4). Seine Frau Gertrud Depenbusch, geb. Hüser, geb. 15. April 1869 in Delbrück, starb am 21. Januar 1942 in Delbrück (KB Delbrück, Bd. 26, S. 224, Nr. 1). Sie waren die Eltern von Johannes und Josef Depenbusch.

[130] „Im Heeresbericht wird Essen als Ziel der Feindeinflüge von gestern genannt" (Bock, Paderborner Tagebuch, S. 202 zum 14. Januar 1943).

auch wohl nicht alle zusammen bleiben. Georg, Johann und Heini[131] werden wohl weg müssen. Wenn das Kriegsende dadurch beschleunigt wird, wollen wir gerne Opfer bringen.

Josefs Post ist die letzte vom 16. Jan. Dora hat 8 Tage keine Post, sonst bekam sie jeden Tag welche.

Morgen wird Wreden Wilhelm hier beerdigt als Krieger[132]. Er hatte es an der Lunge, ist im Brüderkrankenhaus gestorben. Er ist der 2. aus der Verwandtschaft.

Dienstag, den 2.2.43

In Stalingrad ist es bald vorbei! Im Nordteil wird noch Wiederstand geleistet. Viele, auch viele von hier haben da ihr Leben geopfert.

Lohmanns Hardi[133] ist in Krakau im Lazarett. Ihm sind beide Beine erfroren. Mit dem Flugzeug ist er herausgekommen und ebenso Strunz Johann seinen Anton.

Von hier ist ein Wolf[134] gefallen, hier zu gezogen, und der Hans Radke, war 4 Jahre bei Austerschmidt[135]. Donnerstag ist die Messe dafür. Von Brockmeiers Anton in Schöning ist der 2. gefallen[136], von Bentlers, Os-

---

[131] Heinrich (genannt Heini) Hartmann, der Bruder der Tagebuchschreiberin, wurde aus gesundheitlichen Gründen nicht eingezogen (s. Anm. [72]).

[132] Wilhelm Wrede, geb. 23. August 1910 in Delbrück-Dorfbauerschaft, wurde auf dem Feldzug in Frankreich bei einer Gasübung vergiftet. Dies schlug auf die Lunge. Er starb am 25. Januar 1943 im Lazarett in Paderborn und wurde am 1. Februar 1943 in Delbrück begraben (KB Delbrück, Bd. 26, S. 229, Nr. 52). Er war ein Bruder von Heinrich Wrede, der am 12. August 1944 als Soldat starb (s. Anm. [286]). Ihre Großmutter mütterlicherseits, Catharina Schwede, geb. Nadermann, war eine Schwester von Angela Riekschnitz, geb. Nadermann, der Großmutter mütterlicherseits der Tagebuchschreiberin.

[133] Der Kaufmann Eberhard Lohmann, geb. 26. August 1915, starb am 3. Januar 1975 in Delbrück (KB Delbrück, Bd. 34, S. 112, Nr. 2).

[134] Der Obergefreite Theodor Wolf, geb. Paderborn (Herz Jesu) 27. April 1909, getraut in Paderborn mit Katharina Lummer, die in Delbrück geboren ist und dort wohnt, keine Kinder, starb am 31. Dezember 1942 durch einen Kopfschuss bei Leningrad und wurde auf dem „Heldenfriedhof" Bol. Rossoschka, 37 km nordwestlich von Wolgograd, begraben (KB Delbrück, Bd. 26, S. 229, Nr. 54).

[135] Hans Radke arbeitete beim Bäckermeister und Kaufmann Heinrich Austerschmidt, geb. 8. Dezember 1903 in Delbrück, gest. 9. September 1964 in Paderborn (KB Delbrück, Bd. 34, S. 48, Nr. 43). Die Bäckerei Austerschmidt befand sich in der Lange Straße 39 in Delbrück, im zweiten Haus neben dem Haus Hartmann.

[136] Der Unteroffizier Martin Brockmeier, geb. Delbrück-Schöning 20. September

tenland, der 2.[137] und von Heimeiers Lippling innerhalb 14 Tagen der 2[138]. Es ist furchtbar, so ein Leid und Trauer und Elend auf der Welt! Und es wird noch schlimmer!

Sonntag den 7.2.

Das Hochamt ist jetzt für die Toten und Vermißten von Stalingrad. Der Kampf ist zu Ende.[139] Wieviele sind jetzt tot oder in Gefangenschaft?

1914, ist am 16. Januar 1943 am Ilmensee gefallen (KB Delbrück, Bd. 26, S. 229, Nr. 53). Am 31. Januar 1943 wurde in der Kirche in Schöning für den folgenden Donnerstag zum Seelenamt für den in Russland gefallenen Unteroffizier Martin Brockmeier eingeladen (Publicandum in Schöning 1941-43). Sein Bruder Heinrich Brockmeier aus Schöning, Obergefreiter in einem Infanterieregiment, geb. 4. September 1916, starb am 15. Januar 1942 durch einen Kopfschuss bei Lebediewa (?) in Russland (KB Delbrück, Bd. 26, S. 227, Nr. 25). Am 22. Februar 1942 wurde in der Kirche zu Schöning bekannt gegeben, dass der Krieger Heinrich Brockmeier am 15. Januar „im Kampf gegen Rußland gefallen" sei. Am 1. März 1942 wurde für den folgenden Donnerstag zum Seelenamt für den Obergefreiten eingeladen (Publicandum in Schöning 1941-43).

[137] Der Soldat und Erbhofbauer Heinrich Bentler aus Ostenland, 24 Jahre alt, starb am 10. August 1941 in Russland „im Kampf gegen den Bolschewismus" und wurde bei Rodnja (Rudnja bei Smolensk), südlich Kritschef daselbst beerdigt. „Er starb den Heldentod fürs Vaterland" (KB Ostenland, Bd. 4, S. 73, Nr. 12). Anonym, Die Gefallenen der Gemeinde Ostenland im Krieg 1939-1945, S. 296-299, vermeldet den Tod von Heinrich Bentler nicht. Der Jungbauer und Gefreite Johannes Bentler aus Ostenland, 22 Jahre 2 Monate alt, starb am 11. Januar 1943 durch eine Verwundung auf dem Wege zum Verbandsplatz und wurde in Nasswa, 25 km von Nowosokolniki (Russland) begraben. „Er starb den Heldentot fürs Vaterland" (KB Ostenland, Bd. 4, S. 78).

[138] Der Obergefreite Heinrich Heimann, geb. 9. Februar 1911, starb am 31. Oktober 1942 „bei den schweren Abwehrkämpfen nördlich Stalingrad durch Granatvolltreffer" und wurde auf dem Hauptverbandsplatz, 8 km nördlich von Stalingrad, begraben (KB Lippling, Bd. 3, S. 56, Nr. 4). Am 29. November 1942 wurde in der Kirche in Schöning für den folgenden Samstag zum Seelenamt für den in Russland gefallenen Obergefreiten Heinrich Heimann eingeladen (Publicandum in Schöning 1941-43). Der Gefreite Josef Heimann, geb. 27. Juli 1912 in Dorfbauerschaft, starb am 12. Januar 1943. Er stand „auf Posten, eine Granate schlug vor ihm ein, wodurch er einen Splitter in Kopf u. Arm erhielt, sodaß er sofort tot war" (KB Lippling, Bd. 3, S. 57, Nr. 5). Am 11. April 1943 wurde in der Kirche in Schöning für den folgenden Samstag zur Messe für den gefallenen Gefreiten Josef Heimann eingeladen (Publicandum in Schöning 1941-43).

[139] „Die Tragödie Stalingrad ist zu Ende. Welch ein Massengrab für die Blüte des deutschen Volkes ist Stalingrad geworden." (Bock, Paderborner Tagebuch, S. 205 zum

Abb. 18: Kirchplatz der St. Joh. Baptist Kirche in Delbrück, um 1930.

Gestern standen 12 Anzeigen in der Zeitung von Gefallenen und 1 Todesanzeige von 11 aus einer Verwandtschaft aus Düsseldorf, die durch Bomben zu Tode gekommen sind.

Gleich ist die Agathaprozession um die Kirche. Wir beten, damit uns die hl. Agatha hilft vor Feuer und Bombengefahr.

Mama, Dora und Thea[140] hatten gestern Namenstag. Weil Namenstag war, wollen wir heute etwas feiern. Mia kommt nicht, sie schrieb, daß sie erkältet sei. Josef schrieb vom 24.1., Willi vom 1.2.

Montag, den 1.3.

Willi sollte vorige Woche in Urlaub kommen. Strunz Josef u. Bernard[141] waren hier 8 Tage. Willi schrieb da, daß er nicht käme, sie kämen weg,

---

3. Februar 1943).
[140] Dorothea (genannt Thea) Hartmann (geb. 24. September 1931, gest. 30. Juli 1963), älteste Tochter von Johannes Hartmann und Katharina Sandtüns, Nichte der Tagebuchschreiberin.
[141] Der Feldwebel Bernhard Strunz, geb. 19. Februar 1915, wohnhaft Delbrück Haus-Nr. 179, gehörte zu den ersten aus Delbrück, die 1939 zum Wehrdienst einberufen wurden (Kretschmann / Rade / Wieners, Chronik der Stadt Delbrück, S. 95).

zur alten Division.[142] Jetzt sollen sie wohl schon unterwegs sein. Wir hatten uns schon so gefreut, nach allem, was die andern erzählten, konnte man annehmen, daß sie dablieben. Aber es geht vieles verkehrt im Leben. Josef seine letzte Post ist vom 14.2. Sie rüsten auch. Ob sie bloß abrücken oder ob sie eingesetzt werden. Dort und auch bei Wilhelm war man schön am einkesseln. Hoffentlich haben sich die Deutschen zurück gezogen. Es sind sowieso so viele Verluste zu beklagen.

Steinmetz haben Nachricht, daß Heini voraussichtlich in Gefangenschaft gekommen wäre[143]. Happen[144] und Bartschers[145] haben Post zurück bekommen. Sonst ist noch kein Trauerfall wieder gewesen.

Die Flieger haben wieder entsetzlich in Köln gehaust. Allein 8 Krankenhäuser sind zerstört. Hier war man auch wieder wegen Flüchtlinge. Sie sollen wohl bald kommen.

Das Wetter ist ganz großartig.

Sonntag, den 21.3.

Willi ist seit vorigen Sonntag hier! Als wir aus der ½ 8 Uhr Messe kamen, liefen mir die Kinder entgegen und sagten „Onkel Willi ist da!" Die Freude war groß, zumal da er Urlaub hat bis zum 30.

Am Sonntag bekamen wir auch von Josef Post vom 6. März. Auch Dora hat Post von Wilhelm vom 6.3. Es geht beiden gut. Das ist ein Glück. Sie haben viel mitgemacht in letzter Zeit.

Ein Josef Hamschmidt, Nordhagen, ist gefallen am 18.2.[146] Am Frei-

---

[142] Wilhelm (gen. Willi) Hartmann, der Bruder der Tagebuchschreiberin, schrieb der Familie am 18. Februar 1943 aus Frankreich: „Meine Lieben. Teile Euch mit, daß wir morgen Mittag von hier abhauen. Zurück zur alten Div. Was da, und weiter wird, wissen wir nicht. Falls die Strunzen noch da sind, könnt Ihr aber Bescheid sagen. Mein Sonderurlaub ist somit ins Wasser gefallen. Na ja, man ist eben Soldat, da kommt unverhofft oft. Sonst nichts Neues. (Wir nehmen alles mit.) Es grüßt herzlich Wilhelm." (Sammlung Claudia Hartmann, Potsdam).

[143] Der Name Karl Steinmetz steht auf dem Delbrücker Kriegerehrenmal unter den Verstorbenen des Jahres 1943 (Kretschmann, Der Delbrück Friedhof, S. 49). Im Sterberegister der kath. Pfarrei St. Johannes Baptist ist er nicht verzeichnet.

[144] Siehe Anm. [160] (unter 01.04.43).

[145] Der Name Hans Bartscher steht auf dem Delbrücker Kriegerehrenmal unter den Verstorbenen des Jahres 1943 (Kretschmann, Der Delbrück Friedhof, S. 50). Im Sterberegister der kath. Pfarrei St. Johannes Baptist ist er nicht verzeichnet.

[146] Josef Hamschmidt aus Nordhagen, geb. 7. Februar 1916, starb am 19. Februar 1943 durch einen Kopfschuss bei Siwerguzewo und wurde begraben in Nischul-Babino

tag war schon das Amt dafür. Heute haben Gertkempers Nachricht bekommen, daß ihr Franz gefallen ist, am 21. Jan.[147] Er hat an unserm Haus geholfen damals.

Heute ist die Schulentlassungsfeier in der Kirche.
In dieser Woche brannte es wieder u. zwar in Westenholz. Vor 3 Wochen sind Schweden abgebrannt[148]. Die Flieger haben ganz furchtbar Essen hergenommen. Willi ist dadurch gekomen. Es sähe aus wie eine Stadt in Rußland, „Stalingrad" sagte man schon. Am Dienstag abend ¼ nach 6 Uhr sind 11-12 Bomber über Paderborn gekommen, ganz tief und haben beim Bahnhof allerhand Bomben abgeworfen. Es sind allerhand Tote zu beklagen. Man spricht von 30 und noch mehr. 14 standen bis jetzt in der Zeitung. 4 aus einer Familie. Auch sind 60-70 Russen getötet worden, die gerade von der Arbeit kamen.[149] Es ist ganz furchtbar. Heini war gestern hin und hat es sich mal angesehen. Ein Haus wär ganz weg, das Bahnhofsgebäude auch beschädigt. Wem es so trifft, es ist hart. Wir wissen nicht, ob wir noch verschont bleiben. Man meint, daß sie diesen Sommer, wenn die Ernte so weit reif ist, kommen.

(KB Delbrück, Bd. 26, S. 229, Nr. 55). Am 14. März 1943 wurde in der Kirche in Schöning für den folgenden Freitag zum feierlichen Levitenseelenamt in Delbrück „für den gefallenen Krieger Josef Hamschmidt aus Nordhagen" eingeladen (Publicandum in Schöning 1941-43).

[147] Der Obergefreite Franz Gertkämper aus Dorfbauerschaft, geb. 9. März 1918, Inhaber des E II und des Sturmabzeichens, starb am 21. Januar 1943 durch Kopfschuss bei Podsswednoje, 10 km. nordw. von Alexejewka/Russland, und erhielt ein Ehrengrab (KB Delbrück, Bd. 26, S. 229, Nr. 56).

[148] „Am 1. März [1943] brannte das Wohnhaus des Bauern Georg Schwede Nr. 16 nieder. Die Entstehung des Brandes konnte nicht geklärt werden, es wurde angenommen, daß der Schornstein schadhaft wäre. Der Neubau des Wohnhauses wurde in Angriff genommen und war am Ende des Jahres nicht ganz fertig gestellt, aber so weit, daß die Familie wieder einziehen konnte." (StA Delbrück, Chronik der Gemeinde Dorfbauerschaft).

[149] „Auf dem Westfriedhof fand heute die Feier für die Opfer des Fliegerangriffs vom Dienstag statt. 31 Särge waren aufbewahrt, darunter 3 Kindersärge. Außerdem sind 13 Russen ums Leben gekommen. 1 Deutscher wird noch vermißt & außerdem dürften einige von den 87 Verwundeten nicht mit dem Leben davon kommen (Bock, Paderborner Tagebuch, S. 209 zum 19. März 1943).

Bröcklings Papa ist vorige Woche gestorben[150]. Er ist schnell dem Josef[151] nachgegangen.

Donnerstag, den 1. April

Willi ist nun auch schon einige Tage weg. Am Montag mußte er wieder weg. Wir sagten noch „hoffentlich ist kein Alarm". Da war sogar 2 mal Alarm. Hoffentlich hat er keinen Aufenthalt dadurch gehabt. Diese Tage bekommen wir sicher Post. Von Josef müssen wir auch bald wieder was haben.

Leo ist jetzt auch weg, seit Samstag. Sie sind nach Lipspringe gekommen. Am Montag haben wir einen Russen bekommen. Er ist 46 Jahre alt und heißt Michael. Er ist aus Woroschilowgrad[152]. Er scheint ganz willig zu sein und was zu verstehen.

Seit heute morgen ist Heini[153] weg. Er ist Buchhalter bei der Balzerschen Seifenhandlung in Paderborn. Er will es mal riskieren. So einen Posten kriegt er auch nie wieder. Büro, Wohn- und Schlafzimmer. Sofa und Radio und allen Komfort. Samstags kommt er nach Haus. Er muß dort schlafen wegen Fliegerwache. Heute haben wir einen neuen Stift bekommen aus Boke, Anton Hupe[154]. Gerken Bernhard[155] kommt morgen. Den haben wir nicht in Kost.
Es ist ein Kommen u. Gehen.

Dora ist soeben von Osterloh wieder gekommen. Wilhelm hat auch geschrieben. Sie sind noch mehr zurückgekommen.

Vor 8 Tagen mußte ich zum Arbeitsamt. Ich sollte weg, sie könnten mich nicht im Haushalt [behalten,] wo wir eine Hausgehilfin hätten. Ich

---

[150] Bäckermeister *Johann* Heinrich Bröckling in Delbrück, geb. 22. Februar 1875, starb am 12. März 1943 im Alter von 68 Jahren an Altersschwäche (KB Delbrück, Bd. 26, S. 231, Nr. 13).

[151] Josef Bröckling, gest. 22. Dezember 1942 (s. Anm. [125]).

[152] Woroschilowgrad / Luhansk (ukrainisch)/Lugansk (russisch) ist eine Stadt in der Ukraine.

[153] Heinrich Hartmann, Bruder der Tagebuchschreiberin, der eine Anstellung in Paderborn gefunden hatte (s. Anm. [72]).

[154] Anton Hupe, geb. 2. Januar 1929 in Boke-Untereichen, gest. 11. Dezember 1950, verunglückt als Freileitungsmonteur am elektrischen Masten bei Laumeskamp in Delbrück (KB Boke, Bd. 22, S. 114, Nr. 1; Bd. 24, S. 78, Nr. 26).

[155] Bernhard Gerken, geb. 10. Juni 1929 in Delbrück, gefirmt ebd. am 25. Juni 1939 (KB Delbrück, Bd. 28, S. 173, Nr. 115).

April 1943

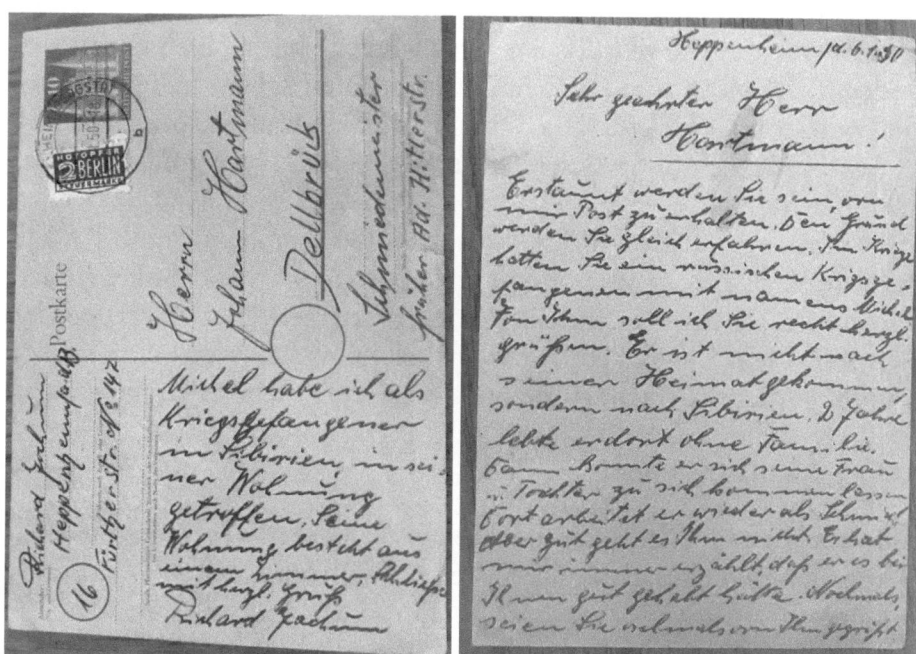

Abb. 19: Postkarte von Richard Jochum (Heppenheim an der Bergstraße), der in Sibirien als deutscher Kriegsgefangener war und dort den ehemaligen russ. Kriegsgefangenen Michael, der in der Schmiede der Familie Hartmann arbeitete, getroffen hat. Jan. 1950. Der Kartentext lautet:

Sehr geehrter Herr Hartmann!

Erstaunt werden Sie sein, von mir Post zu erhalten. Den Grund werden Sie gleich erfahren. Im Krieg hatten Sie einen russischen Kriegsgefangenen mit namens Michel. Von Ihm soll ich sie recht herzl. grüßen. Er ist nicht nach seiner Heimat gekommen, sondern nach Sibirien. 2 Jahre lebte er dort ohne Familie. Dann konnte er sich seine Frau und Tochter zu sich kommen lassen. Dort arbeitet er wieder als Schmied. Aber gut geht es Ihm nicht. Er hat mir immer erzählt, daß er es bei Ihnen gut gehabt hätte. Nochmals, seien Sie vielmals von Ihm gegrüßt.

Michel habe ich als Kriegsgefangenen in Sibirien in seiner Wohnung getroffen. Seine Wohnung besteht aus einem Zimmer. Schließe mit herzl. Gruß

Richard Jochum

sagte, es wären doch auch 15 Morgen Land, Vieh und 15 Personen da. Es hatte nichts zu sagen. Als ich sagte, ich wäre krank, hieß es natürlich anders. Ich müßte vom Dr. Schmidtmann einen Schein ausfüllen lassen und wieder hinschicken. Was es nun gibt? Man muß es abwarten.

Am Montag brannte es wieder in Westenholz, hier voran mehr bei Heihoffs Stefan.

Morgen sind 2 Messen für Gefallene. Gertkämpers Franz[156], Wiebeler Josef[157], Georg Breimhorst (Hülskempers)[158] und Bokel (Jüden) Johann[159]. Am Sonntag wurden 7 von der Kanzel verlesen. Happen haben von einem Kameraden von Hans erfahren, daß er von einem Spähtruppunternehmen nicht zurückgekehrt wäre. Er lebt sicher nicht mehr.[160]

Mittwoch, den 5. Mai

Gestern abend mußte der Brockgreitens[161] wieder weg, er ist bei Willi. Wir haben ihm ein Paket mitgegeben.[162] Willi bleibt zu 99% in Frank-

---

[156] Siehe Anm. [147].

[157] Der Unteroffizier Josef Wiebeler aus Dorfbauerschaft, geb. 12. Juli 1920, Inhaber des Verdienstkreuzes mit Schwertern, starb am 9. Januar 1943 (KB Delbrück, Bd. 26, S. 229, Nr. 57).

[158] Der Gefreite Georg Breimhorst aus Dorfbauerschaft, geb. 11. August 1922, starb am 7. März 1943 aufgrund einer Minendetonation vor Leningrad und wurde auf dem „Heldenfriedhof" in Krassny-Bor bei St. Petersburg begraben (KB Delbrück, Bd. 26, S. 229, Nr. 58).

[159] Der Obergefreite *Johann* Anton Bokel, geb. 6. Juli 1905 in Dorfbauerschaft, Inhaber der Ost Medaille, starb am 8. März 1943 aufgrund einer schweren Verwundung auf einem Verbandsplatz und wurde auf dem „Heldenfriedhof" Frolowo, nordwestlich von Wolgograd, begraben (KB Delbrück, Bd,. 26, S. 229, Nr. 59).

[160] Johannes (genannt Hans) Happe, geb. 18. November 1923, gefirmt ebd. am 30. April 1934 (KB Delbrück, Bd. 28, S. 158, Nr. 98), ältester Sohn des Kohlenhändlers Franz Happe und seiner Frau Maria Peitzmeier. Sein Name steht auf dem Delbrücker Kriegerehrenmal unter den Verstorbenen des Jahres 1943 (Kretschmann, Der Delbrück Friedhof, S. 49). Im Sterberegister der kath. Pfarrei St. Johannes Baptist ist er nicht verzeichnet. Er war der Bruder von Helmut Strunz-Happe (s. Anm. [82]).

[161] Am 9. Januar 1943 schrieb Wilhelm (genannt Willi) Hartmann, der Bruder der Tagebuchschreiberin, der Familie: „Bei uns ist auch jetzt ein Konrad Brockgreitens aus Westerloh. War früher in Espeln beim Bauer. Dora kennt ihn vielleicht." (Sammlung Claudia Hartmann, Potsdam).

[162] Am 6. Mai 1943 schrieb Wilhelm (genannt Willi) Hartmann, der Bruder der Tagebuchschreiberin, der Familie: „Gestern Abend kam Konrad pünktlich zurück. Habe dann das Paket in Empfang genommen. Ich habe mich sehr gefreut über die schönen Sachen. Sage meinen allerherzlichsten Dank dafür." (Sammlung Claudia

reich. Josef schrieb vom 26.4., [im] Juni wär er mit Urlaub an der Reihe.
Im vergangenen Monat ist allerhand passiert.
Kors Georg ist gefallen[163]. Man kann es noch nicht begreifen. Am 24. März ist er gefallen, da war der kl. Junge gerade 8 Tage alt. Tette hat sich Karsamstag in Neviges[164] trauen lassen. Franz mußte nach Rußland.
Spitzenmarie ihr Junge ist vermißt.
Stabschef Lutze ist am 1. Mai tödlich verunglückt[165].
Sie kommen alle an die Reihe.

Sonntag den 9. Mai

In Afrika ist es bald zu Ende. Gestern kam durchs Radio, Biserta[166] und Tunis haben wir nicht mehr.
Was es noch alles gibt? Einige meinen, im halben Jahr wäre es jetzt vorbei.
In Dortmund haben die Flieger sehr gehaust in der Nacht vom 5 – 6 Mai. Tante Dortchen schrieb gestern, Konrad sein Geschäft ist total kaputt, Jupp seines sind Türen und Fenster raus geflogen durch die Erschütterung. Es ist entsetzlich.
Gestern sind hier 8 Waggon Möbel gekommen ins Jugendheim. Die Leute sollen wohl auch bald kommen. Am Donnerstag war ich mit Franz nach Paderborn, haben Heini mal aufgesucht und Lübben Bernard. In den Lazaretten ist ein Elend und ein Leid. Und doch, sagt Bernard, wären sie noch alle guten Mutes, weil sie noch leben.
Eben ist Depenbusch Johann in Urlaub gekommen.
Wilhelm hat vom 29.4. geschrieben. Sie sind wieder eingesetzt.

Hartmann, Potsdam).

[163] Der Obergefreite und Ehemann Georg Kors aus Delbrück, geb. 20. Juni 1908, Inhaber des E II, Sturm- und Verwundetenabzeichen und der Ostmedaille, wurde am 24. März 1943 durch Bauchschuss schwer verwundet und starb eine Stunde später aus dem Verbandsplatz. Er wurde auf dem „Heldenfriedhof" Schwedtschikowy, 9 klm westlich, heute Sewsk/Russland, begraben (KB Delbrück, Bd. 26, S. 229, Nr. 63).

[164] Neviges ist ein Wallfahrtsort, heute ein Stadtteil von Velbert, Kreis Mettmann.

[165] Viktor Lutze, geb. 21. Dezember 1890 in Hörstel-Bevergern, ab 1934 Stabschef der Sturmabteilung (SA), starb nach einem Autounfall am 2. Mai 1945 in Potsdam.

[166] Hafenstadt im nördlichen Tunesien.

1. Tagebuch, September 1942 – Silvester 1943

Freitag, den 14. Mai

Seit gestern ist in Afrika der Kampf zu Ende. So mancher hat dort sein Los gefunden. Gerlings Gerus, Finken Georg, Depenbusch Jupp, Sagemüllers Walter[167] und Kückmanns August[168] sind, die man aus näherer Bekanntschaft kennt. Bis man von diesen wieder hört, wird wohl noch dauern.

Heute nacht war über 3 Stunden Alarm.[169] Wir waren mit Mann und Maus unten. Es war doch gefährlich. Der Tommy flog egal weg hier vorbei und nach Mitteldeutschland.

Tante Dortchen ist heute mittag gekommen.

Josef schrieb vom 7. Mai. Sie sind unterwegs wahrscheinlich zum Süden. Wenn nichts dazwischen kommt, ist er in 3 Wochen mit Urlaub an der Reihe.

Dienstag, den 25. Mai 1943

Soeben ist wieder die Feuerwehr alarmiert. Sie muß mit der Paderborner Wehr nach Dortmund. Gestern Nacht haben die Flieger Dortmund angegriffen.[170] Es muß furchtbar sein. Tante Dortchen ist seit 8 Tagen hier. Sie ist sehr in Unruhe wegen der Ihrigen.

Vor 8 Tagen hat der Feind auf die Möhnetal- und Edertalsperre einen Anschlag ausgeführt[171]. Durch die Wassermengen sind sehr viele Menschen zu Tode gekommen[172].

---

[167] Walter Sagemüller, geb. 3. Februar 1923, gest. 8. Dezember 2016. Er lebte in Delbrück (Sammlung Rade).

[168] August Kückmann, geb. 27. Oktober 1922, gest. 4. Dezember 2019. Er lebte in Espeln, heute Stadt Hövelhof, (Sammlung Rade) und war von Dezember 1945 bis September 1946 Mitglied des von der englischen Militärregierung ernannten und bestätigten Gemeinderates von Ostenland. Am 11. Dezember 1945 wurde er durch den Gemeinderat einstimmig zum Mitglied im Delbrücker Amtsausschuss gewählt (Protokollbuch des Gemeinderates Ostenland 1945-1954, S. 1-15).

[169] „Die Nacht brachte eine der bisher längsten Fliegeralarme (No. 244.) von 23.35 Uhr gestern abend bis 3.30 Uhr heute früh." (Bock, Paderborner Tagebuch, S. 215 zum 14. Mai 1943).

[170] „ ‚Sie' waren tatsächlich in Dortmund, von wo schwerer Schaden gemeldet wird." (Bock, Paderborner Tagebuch, S. 217 zum 24. Mai 1943).

[171] Die Bombenangriffe erfolgten in der Nacht vom 16. auf den 17. Mai 1943.

[172] „Als Opfer der Katastrophe am Möhnesee ist zu beklagen Maria Rodehutskors, [Haus-, d. B.]Nr. 182. Das ist besonders tragisch, da ein Bruder von ihr gefallen ist

Mai 1943

Abb. 20: Die zerstörte Möhnesee-Staumauer nach der Bombardierung am 17. Mai 1943.

Abb. 21: Totenbildchen Hermann Koeller und Norbert Koeller, 1941 u. 1943.

Pultes[173] Verwandten leben noch. Tante Mariechen hat von den Bekannten in Neheim noch nichts gehört. Butterkrügers Franz[174] ist in Köln bei den Pionieren, sie sind nach Neheim kommandiert. Meterhoch wäre der Schlamm auf den Straßen. Darin die Leichen. Es wäre fürchterlich. Durch diesen Anschlag ist fast das ganze Industriegebiet ohne Wasser. Was es diesen Sommer noch alles gibt?

Depenbusch Johann mußte heute morgen wieder weg. Weiß Gott, was alles passiert ist, wenn er mal wieder kommt.

Strunz Josef ist in Urlaub. Er meint, wenn sie alle durch wären, könne Willi auch wieder in Urlaub.

Von Josef hörten wir noch nichts. Er muß bald schreiben.

Köllers Norbert ist gefallen[175]. Er ist nun schon der zweite[176]. Jetzt haben sie noch den Hubert[177]. Dem Wulfmeyer (Heini sein Kollege) seine Frau ist am Wochenbettfieber gestorben. Überall ist Leid.

---

und der Vater und zwei erwachsene Schwestern und ein Bruder vor Jahren gleichzeitig an Typhus starben. Es lebt nur noch die alte Mutter und ein Bruder, der als Kind von einem Pferde an den Kopf geschlagen wurde und unter den Folgen heute noch schwer zu leiden hat" (Willeke, Chronik der Gemeinde Ostenland, S. 126). Maria Rodeshutskors, Jungfrau und Haushälterin in Himmelpforten, 40 Jahre alt, starb am 17. Mai 1943, 1.00 Uhr. Sie ertrank „infolge Feindangriff auf den Möhnesee. War zuerst beigesetzt in Neheim/Hüsten. Die Leiche wurde nach Ostenland überführt und ist dort beigesetzt am 11. März 1944" (KB Ostenland, Bd. 4, S. 81).

[173] Der Delbrücker Kaufmann *Wilhelm* Anton Pulte aus Haarbrück, geb. 9. März 1881, gest. 7. November 1951 in Delbrück, heiratete am 27. Oktober 1908 in Delbrück Dorothea *Sophia* Linnenbrink aus Delbrück, geb. 6. August 1880 in Delbrück. Das Ehepaar hatte vier Kinder (KB Delbrück, Bd. 22, S. 67, Nr. 35; ebd. Bd. 34, S. 3, Nr. 49).

[174] Franz Stamm (s. Anm. [298])

[175] Der Unteroffizier Norbert Koeller aus Delbrück, geb. 3. Februar 1922, erlitt am 9. Mai 1943 den Fliegertod in Russland (KB Delbrück, Bd. 26, S. 229, Nr. 65).

[176] Der ledige Gerichtsreferendar und Leutnant eines Infantrieregiments Hermann Koeller aus Delbrück, geb. 21. März 1917 in Delbrück, starb am 20. Juli 1941 in Pygi/Russland und wurde dort begraben (KB Delbrück, Bd. 26, S. 226, Nr. 9).

[177] Der ledige Leutnant im Luftnachrichten-Regiment Hubert Koeller, geb. 31. Januar 1919, starb am 1. Oktober 1944, ½ 12 Uhr, bei Bandenkämpfen bei Larissa-Karies in Griechenland (KB Delbrück, Bd. 26, S. 235, Nr. 122).

Pfingstmontag den 14. Juni

14 Tage war Ruhe mit den feindl. Fliegern. Seit Freitag ist wieder Tag und Nacht Alarm gewesen. Heute Nacht sogar 2 mal. Johann[178] hat wieder Wache, dann ist meist was los. Wir haben helle Nächte.

Gestern ist es in Bochum schlimm gewesen.
Wir müssen 1 Zimmer für 2 Pers. abgeben, für Evakuierte.
Gestern nachm. war Tante Dortchen hier mit den 2 Kindern. Sie hat sie neulich mitgebracht. Die kl. Doris vom Konrad[179] und Theo[180] sein Willi.

Josef schrieb vom 2. Juni. Er kommt diesen Monat noch in Urlaub. Doras Mann kommt [im] halb[en] Juli. Willi wird wohl noch etwas dauern, bis er kommt.

Donnerstag, den 14. Juli

Endlich schreib ich mal wieder. Es ist soviel geschehen, daß man nicht dadurch kam!

Josef ist da und Willi! Josef kam am Samstag den 4. Juli. Willi vorgestern. Josef muß am 26. weg und Willi [am] 28. Die ganze Zeit sind sie schön zusammen. Das Wetter scheint besser zu werden. Die letzten Wochen hat es immer geregnet. Viel Heu ist verdorben.

Cilli[181] ist seit dem 22. Juni in Erholung weg. Es geht ihr sehr gut. Bis zum 5. Aug. bleibt sie aus.

Heute Nacht war wieder Alarm. Es hatte hier seit 3 Wochen ziemlich gut gegangen.

In der Zeit hat Köln sehr unter den Bombern gelitten, auch der Dom. Es sollen 32000 Tote zu beklagen sein.

Gestern Nacht wurde Aachen angegriffen. Auch schwere Verluste. So

---

[178]Johannes Hartmann, der Bruder der Tagebuchschreiberin.
[179]Konrad Rempe, Sohn von Dorothea (genannt Dortchen) Hartmann und Bernhard Rempe.
[180]Der Friseurmeister Theo Rempe, geb. 17. September 1906 in Dortmund, gest. 8. Dezember 1992 in Köln, Sohn von Dorothea (genannt Dortchen) Hartmann und Bernhard Rempe, war von 1946 bis 1948 nebenamtlicher Diözesansekretär des Kolpingverbands Paderborn und von 1950 bis 1971 hauptamtlicher Referent des Kolpingwerks Deutschland in Köln (Steinke, Mit Kolping unterwegs, S. 247-249).
[181]Cäcilia (Cilli) Hüser, geb. Hartmann, geb. 1934, ist die Tochter von Johannes Hartmann und Nichte der Tagebuchschreiberin.

geht es drüben Stadt für Stadt. Die Städte sollen alle geräumt werden. Z.B. Dortmund zum 15 Aug.

Auf Sizilien sind schwere Kämpfe. Dort ist der Feind gelandet. Es fällt sicher böse aus mit den Italienern, auch von unsern Truppen sind dort viele.

Es geht von einer Überraschung in die andere.

In Rußland waren auch wieder schwere Kämpfe (wo Josef ist auch). Die scheinen jetzt schwächer zu werden.

Sonntag, den 1. Aug.

„Es geht alles vorüber, es geht alles vorbei."

Willi und Josef sind diese Woche wieder weg gefahren. Wir haben noch keine Post von ihnen.

Schwager Wilm ist heute Morgen gekommen. Um 7 Uhr war er in Hövelhof. Und Cilli ist auch wieder da. Vorgestern kam sie wieder. Die Kurse sind gekürzt. Sie hat 5 Pfd. zugenommen.

Musselini hat abgedankt. Es kam überraschend.

Es passiert noch mehr.

Diese Woche haben Hannover, Kassel u. Remscheid sehr unter Fliegerangriffen leiden müssen.

Kassel hat man vorgestern vormittag angegriffen. Sie kamen hier vorbei, die Bomber. An die 100 hat man gezählt. Sie waren sehr hoch, man konnte sie aber gut sehen. Im Heitfeld, Osterloh und Espeln haben sie mit Maschinengewehren geschossen. Dora brachte gestern eine Hülse mit, die war 2m von ihr gefallen.

Man soll doch nächstens Schutz suchen.

Hier ging man auch strenger vor. Alles mußte in die Häuser.

Es ist sehr heiß. 25° haben wir jetzt schon um ½ 11.[182]

Den Roggen haben wir alle gedroschen. 36 Ztr haben wir gekriegt.

Bei Orel[183] sind noch immer schwere Kämpfe, auch auf Sizilien neuerdings.

Bei Stepplers (Schöning) ist der Jüngste gefallen[184].

---

[182] „Die zweite Hälfte des Monats Juli [1943] war sehr heiß, über 30° im Schatten" (StA Delbrück, Chronik der Gemeinde Dorfbauerschaft).
[183] Heute Orjol, eine Stadt in Zentralrussland.
[184] Der Obergefreite Wilhelm Steppeler aus Schöning, geb. 10. Juli 1916, wurde am 6. Juli 1943, 2.00 Uhr, bei Orel, heute Orjol, durch einen Rückenschuss verwundet

August 1943

Donnerstag, den 5.8.

Orel ist geräumt! Wie mag es Josef gehen?

Heute bekamen wir eine Karte von Minsk. In Hannover hat er den Terrorangriff mitgemacht. Willi schrieb auch einen Brief.

Vorgestern abend ist Tante Anna gestorben[185]. Sie war schon 1 Jahr im Krankenhaus.

Rempen Hans[186] ist seit gestern hier. Eben war auch P. Meinrad[187] hier.

---

    und starb um 4.15 Uhr auf dem Hauptverbandsplatz (KB Delbrück, Bd. 26, S. 229, Nr. 66). Am 1. August 1943 wurde in der Kirche zu Schöning für den folgenden Montag zum Seelenamt für den in Russland gefallenen Obergefreiten Wilhelm Steppeler eingeladen (Publicandum in Schöning 1941-43).

[185] Anna Berhorst, geb. Hartmann, Witwe in Delbrück, geb. 2. August 1871, starb am 3. August 1943 an Altersschwäche und wurde am 7. August 1943 in Delbrück begraben (KB Delbrück, Bd. 26, S. 232, Nr. 33). Sie war eine Schwester des Vaters der Tagebuchschreiberin.

[186] Johannes Rempe, Lehrer in Medebach, danach Rektor der Volksschule in Olpe-Biggesee, geb. 26. März 1903 in Dortmund, gest. am 1. August 1993 in Medebach im Alter von 90 Jahren. Er war das älteste Kind von Bernhard Rempe und Dorothea (genannt T. Dortchen) Hartmann, der Tante der Tagebuchschreiberin. Johannes Rempe notierte am 11. August 1943 in seinem Tagebuch: „ Nun war ich 8 Tage in Delbrück und Thüle, um Gerhard [* 1932, Sohn von Johannes Rempe, d. B.] abzuholen, der morgen wieder zur Schule muß. Geschlafen und gegessen habe ich im Kamer-Haus. Das Haus ist 1939 praktisch und gut umgebaut worden, alles ist sehr modern eingerichtet. Ich war dort gut aufgehoben. Am Samstag, dem 7.8.43 ist unsere Tante Anna (Berhorst) begraben. Sie ist nach 2 1/2jährigem Liegen und Leiden sanft eingeschlafen. An Altersschwäche, schrieb der Arzt. […] Gestern Morgen gab es von ½ 5 bis ½ 6 Uhr in Delbrück Alarm. Flugzeuge waren aber nicht zu hören. […] Als wir mittags mit dem Omnibus von Delbrück nach Paderborn fuhren, mußten wir am Bahnhof daselbst feststellen, daß der ausgesuchte Zug nicht mehr fuhr. Wir konnten erst um 17.17 Uhr nach Brilon-Wald weiterfahren, mußten dort mit dem D-Zug nach Bestwig und kamen mit dem Triebwagen um 22.40 Uhr wieder in Medebach an. Die Zwischenzeit in Paderborn benutzte ich dazu, Gerhard die Stadt, den Dom, die Paderquellen, das Rathaus und das Museum mit der Delbrücker Trachtenschau zu zeigen. […] Die Stimmung im Delbrücker Land war schlecht. Alles gibt den Kampf verloren." (Freundliche Mitteilung von Konrad Rempe, Dortmund, vom 5. Januar 2020 an den Bearbeiter).

[187] Georg Heinrich Vonderheide, geb. 27. März 1885 in Delbrück-Ostenland, trat in den Franziskanerorden ein und erhielt den Ordensnamen Meinrad, wurde am 7. April 1911 zum Priester geweiht, war von 1933 bis 1939 Provinzialminister der sächsischen Franziskanerprovinz vom Heiligen Kreuz und starb am 12. Januar 1963 in Werl (Thomehope, S. 119).

Donnerstag, den 12. August

Heute ist Fränzchen in die Schule gekommen. Er geht jetzt erst stundenweise hin. Heute morgen um 9 Uhr war Vollalarm. Das kann Franz für sein Leben behalten.

Wir haben noch keine Post von Josef.

Jetzt kommen die Trauernachrichten. Ein Wirth, wohnen bei Speits, ist gefallen[188], und von Moor Josef der Jüngste[189]. Von Meier Schmied, Ostenland, der Jüngste[190]. Dorenkamps, Anreppen, der Zweite und Letzte[191], ein Funke aus Schöning[192].

Und weiß Gott, wer noch alle Nachrichten bekommt. Fecken Ge-

---

[188] Der Unteroffizier Franz Wirth aus Delbrück, geb. 13. Dezember 1909 in Mönchen-Gladbach, verheiratet und 3 Kinder, wurde am 19. Juli 1943, nachmittags, 4 km von Sseminowskyji/Russland durch Bombensplitter schwer verwundet und starb auf dem Verbandsplatz. Er wurde auf dem „Heldenfriedhof" Belojarowka begraben (KB Delbrück, Bd. 26, S. 229, Nr. 69). Die Orte sind wahrscheinlich die heutigen Semenivske und Biloiarivka am Fluss Mius in der Ukraine.

[189] Der Grenadier Franz Moor aus Nordhagen, geb. 21. März 1923, starb am 20. Juli 1943 durch einen Kopfschuss bei Gerbini (Militärflugplatz) auf Sizilien (KB Delbrück, Bd. 26, S. 229, Nr. 68). Am 22. August 1943 wurde in der Kirche zu Schöning für den folgenden Mittwoch zum Seelenamt für den gefallenen Krieger Franz Moor eingeladen, „der über fünf Jahre in Schöning wohnte und arbeitete" (Publicandum in Schöning 1941-43).

[190] Der Jungmann, Gefreite und Schmied Karl Meier aus Ostenland, 20 Jahre 10 Monate alt, starb am 18. Juli 1943, 4.00 Uhr an einer „Verwundung vor dem Feind" und wurde in Annolowo, südöstlich von Petersburg, begraben. „Er starb den Heldentod fürs Vaterland" (KB Ostenland, Bd. 4, S. 79). Anonym, Die Gefallen der Gemeinde Ostenland im Krieg 1939-1945, S. 297, gibt als Todesjahr irrtümlich 1942 und als Sterbeort Tschernja/Retschka (wahrscheinlich Chërnaya Rechka in der Ukraine) an.

[191] Der Obergefreite Konrad Dorenkamp, Jungmann, Schreiner, Sohn der Eheleute Schreiner Heinrich Dorenkamp und Maria Peterburs in Anreppen Nr. 105, geb. 8. April 1917 in Anreppen Nr. 105, starb am 6. Juli 1943, 10.30 Uhr morgens, in Rußland bei Grenasjatschewo, 65 km südlich von Orel (KB Boke, Bd. 24, S. 42). Der Soldat Martin Dorenkamp, Jungmann, Sohn derselben Eheleute, geb. 21. März 1920 in Anreppen Nr. 105, starb am 13. Juli 1941 in Russland bei Sjabki (KB Boke, Bd. 24, S. 44).

[192] Der ledige Obergefreite Franz Funke aus Schöning, geb. 28. April 1910, starb am 20. Juli 1943 bei Smolensk durch einen Splitter im Rücken und war sofort tot (KB Delbrück, Bd. 26, S. 229, Nr. 71). Am 8. August 1943 wurde in der Kirche zu Schöning bekanntgegeben, dass der Obergefreite Franz Funke am 20. Juli in Russland fürs Vaterland gefallen sei. Am 15. August 1943 wurde für den folgenden Mittwoch zum Seelenamt für ihn eingeladen (Publicandum in Schöning 1941-43).

org[193] hat aus amerikanischer Gefangenschaft geschrieben. Gott sei Dank! Wenn jetzt Depenbusch und Sagemüllers erst nur Bescheid hätten. Unser Besuch ist vorgestern wieder abgereist.

Montag, den 23. Aug.

Heute Morgen haben Sagemüllers von Walter einen Brief bekommen. Er ist mit Depenbusch Jupp in engl. Gefangenschaft. Gott sei Dank!

Eben ist Wilhelm wieder weg gefahren. Eigentlich mußte er gestern schon weg, aber er komme ja noch früh genug! Die Wochen gehen so schnell herum.

Josef hat geschrieben u. zwar noch vom 5.8. Er segelte in der Gegend nördl. Orel umher u.s.w. Am 8. ist er wieder bei seinen Kameraden gelandet. Die Karte bekamen wir am Donnerstag. Es ginge ihm noch tadellos, sein Fuß wäre besser.

Morgen ist Seelenamt für Breimhorst Franz. Er war ein prima Kerl, erst 21 J. alt[194].

Holländers Franz ist tot[195]. Am Samstag morgen hat man ihn tot im Bett gefunden.

Auf Sizilien ist es seit einigen Tagen vorbei. „Erfolgreicher Abschluß der Kämpfe auf Sizilien" stand groß in der Zeitung. Man kann auch von einer Niederlage noch einen Sieg machen![196] Man hat jetzt wenigstens die letzten Truppen zurück gezogen über die Straße von Messina.

Es ist augenbl. eine unheimliche Ruhe auch mit den Fliegern. Heute Nacht war wohl wieder Alarm, es sind aber meist nur Störflüge.

Man ist der Meinung, daß bald was passiert.

Krusen Arnold ist vorige Woche gestorben[197].

---

[193] S. Anm. 45.
[194] Der ledige Obergrenadier Franz Brautmeier genannt Breimhorst, geb. 31. Juli 1922 in Bochum, der als Kind vom Onkel angenommen wurde, starb am 22. Juli 1943 bei Orel (KB Delbrück, Bd. 26, S. 229, Nr. 72).
[195] Franz Kleine genannt Holländer, Landarbeiter in Delbrück, ledig, geb. 3. April 1906, wurde am 21. August 1943 tot im Bett gefunden und am 25. August 1943 in Delbrück begraben (KB Delbrück, Bd. 26, S. 232, Nr. 38).
[196] „Sizilien seit heute früh von uns ‚planmäßig' geräumt! Im Wehrmachtsbericht schöne Worte; die Räumung würde ebenso in die Kriegsgeschichte eingehen, wie eine siegreiche Angriffsschlacht (Bock, Paderborner Tagebuch, S. 225, zum 17. August 1943).
[197] Arnold Kruse, Malermeister, geb. 29. August 1880, starb am 13. August 1943 in Del-

1. Tagebuch, September 1942 – Silvester 1943

Abb. 22: Messdienerleiter, v.l. Theo Fecke, Paul Müller, Bruno Hammerschmidt und Alfons Müller, um 1940.

Franz seine Stütze ist weiter gemacht worden. 3 Tage war er nicht zur Schule. Er kann jetzt ganz gut laufen.

Samstag, den 4. Sept.

Es ist kaum zu fassen! Müllers beide Jungens sind gefallen. Alfons am 13. u. Paul am 21. 8.[198]

Am Montag bekamen sie Nachricht, daß Alfons gefallen wär u. am Donnerstag von Paul. Sie waren die Besten von Delbrück. Wenn die

---

brück an einem Herzleiden und wurde am 19. August 1943 in Delbrück begraben (KB Delbrück, Bd. 26, S. 232, Nr. 36).

[198] Der Grenadier Alfons Müller aus Dorfbauerschaft, geb. 15. November 1924, starb am 13. August 1943 bei Smolensk durch einen Volltreffer und war sofort tot. Die „Leiche fiel in Feindeshand" (KB Delbrück, Bd. 26, S. 234, Nr. 77). Sein Bruder, der Feldwebel Paul Müller aus Dorfbauerschaft, geb. 23. Januar 1923, starb am 21. August 1943 auf dem Wege zum Gefecht durch einen Granatsplitter, der ihn ins Herz traf und sofort tötete. Er wurde auf dem „Heldenfriedhof" südlich des Ladogasees begraben (KB Delbrück, Bd. 26, S. 234, Nr. 78). Am 5. September 1943 wurde für den folgenden Dienstag in Delbrück zu den Levitenseelenämtern für die Brüder Grenadier Alfons Müller und Feldwebel Paul Müller eingeladen (Publicandum in Schöning 1941-43).

Familie nicht so tiefreligiös wäre, sollte man meinen, sie würden verrückt.[199] Morgen werden wieder 4 verlesen, Alfons und Paul und ein Kellerhoff[200] und Heimanns[201] von der Lindenstraße. Aus Rußland kommt auch sicher keiner wieder. Diese Woche waren Messen für Stroops Heini[202] (Dorffeld) und für Fritz Jaspers[203]. -
Josef schrieb gestern vom 21.8. Es geht ihm noch gut. Willi schrieb auch heute. Dora hat auch Post von Wilhelm, er ist wieder bei seiner Truppe.
Depenbusch Jupp hat aus Amerika geschrieben.

Mittwoch, den 29. Sept.

Heute sind es 5 Jahre, es war 1938, da hatten sich die Herren friedlich geeinigt, es gab keinen Krieg.[204] Und nun haben wir schon 4 Jahre dies

---

[199] Die Brüder Paul und Alfons Müller gehörten zu den Messdienerleitern in Delbrück. „Beide waren hochbegabt und Primus in der jeweiligen Schulklasse. Ich war mit ihnen befreundet, denn wir gehörten einer katholischen Jugendgruppe an, und daher trafen wir uns öfter. Nach dem Abitur mußten beide, wie das allgemein üblich war, Soldat werden. Innerhalb einer Woche bekamen die Eltern Bescheid, daß ihre Söhne an der Front gefallen waren." (Hammerschmidt, Eindrücke auf der Lebensstrasse, S. 114).

[200] Der Gefreite Josef Kellersohn aus Dorfbauerschaft, geb. 27. Juni 1908 in Hennef/Sieg, mit einer geborenen Breimhorst aus Delbrück verheiratet, mit der er vier Kinder hatte, starb am 12. Januar 1943 bei Stalingrad in Karpowka bei Kaliningrad. „Ein Gefreiter hat die Leiche selbst gesehen, wie erst Ende August [1943, d. B.] gemeldet ist" (KB Delbrück, Bd. 26, S. 234, Nr. 76).

[201] Der Gefreite Josef Heimann aus Dorfbauerschaft, geb. 4. März 1922, wurde am 9. August 1943 am Ladogasee durch einem Granatvolltreffer im Bunker schwer verwundet und starb am selben Tag auf dem Verbandsplatz (KB Delbrück, Bd. 26, S. 234, Nr. 75).

[202] Der ledige Obergefreite Heinrich Stroop aus Delbrück, Inhaber der Ostmedaille, geb. 6. November 1911 in Delbrück, wurde am 17. August 1943 durch Granatsplitter am Hals schwer verwundet, starb am 28. August 1943, 2.10 Uhr nachmittags, im Kriegslazarett bei Smolensk und wurde auf dem dortigen „Heldenfriedhof" begraben (KB Delbrück, Bd. 26, S. 229, Nr. 74).

[203] Der Obergefreite Fritz Jasper aus Delbrück, geb. 1. September 1893 in Lippstadt, verheiratet, mit vier Kindern, wurde am 8. August 1943 bei Golodolina durch Granatsplitter in der linken Bauchseite schwer verwundet und starb am selben Tag auf dem Hauptverbandsplatz. Er wurde auf dem „Heldenfriedhof" Nr. 1657 in Islawjansk (Slowjansk/Ostukraine) begraben (KB Delbrück, Bd. 26, S. 229, Nr. 73).

[204] Das Münchener Abkommen wurde am 29. September 1938 zwischen Deutschland, Großbritannien, Frankreich und Italien geschlossen, um die Sudetenkrise zu beenden.

Elend am Hals.

Josefs letzte Post ist vom 11. Sept. Es geht dort furchtbar her. Sie stehen oder sind schon über den Dnjper. Wo soll dies noch hin, wenn erst der Winter kommt!

In Italien geht es auch rund. Italien hatte feige und durch Verrat kapituliert, da sind unsere dazwischen gefahren. Alle Bodoglio-Anhänger[205] hat man entwaffnet, alle andern kämpften auf unsere Seite. Die Befreiung Mussolines[206] war ein Husarenstückchen. Aber was nützt das. „Wir sind kaputt!" Und doch darfs man nicht sagen. Es sind scharfe Gesetze heraus gekommen, die noch veröffentlicht werden.

Die Flieger kommen immer noch, jetzt viel in Hannover und im Norden des Reiches. -

Die Kinder haben Kartoffe[l]ferien. Es ist schon ziemlich kalt, bes. des Morgens. Man meint, daß es einen frühen Winter gibt!

Sonntag, den 14. ~~Sept.~~ Nov.

Nach Müllers Jungens sind Betten Heinz[207], Lobbenmeiers Franz, Pöhlers Heini[208] und Stollmeiers Hermann[209] gefallen. Letzterer war in

---

[205] Erste postfaschistische Regierung Italiens, die im Oktober 1943 mit dem Deutschen Reich brach, sich den Aliierten anschloss und dem Deutschen Reich den Krieg erklärte. Pietro Badoglio (1871-1956), Marschall von Italien, war nach dem Sturz Mussolinis von 1943 bis 1944 italienischer Ministerpräsident.

[206] Der Name ist im Original so geschrieben.

[207] Der Unteroffizier und Bordfunker Heinz Bette aus Dorfbauerschaft, Träger des EK 1 und 2 und der Frontflugspange in Gold, geb. 7. März 1919 in Hagen, kehrte am 26. August 1943 von einem „Feindflug" nicht zurück und war sofort tot. Dies geschah bei Poltawa (heute Zentralukraine) im Osten (KB Delbrück, Bd. 26, S. 234, Nr. 79).

[208] Der Gefreite Heinrich Pöhler, geb. Essen 1909, dessen Frau und einziges Kind in Dorfbauerschaft wohnten, starb am 14. September 1943 sofort durch einen Herzschuss und wurde 30 km vor Konotop an der Ostfront begraben (KB Delbrück, Bd. 26, S. 234, Nr. 82).

[209] Er war am 9. April 1940 in Delbrück Zeuge bei der Trauung von Bernhard Lübbers aus Dorfbauerschaft und Maria Merschmann aus Espeln und lebte in Gütersloh-Spexard (KB Delbrück, Bd. 22, S. 174, Nr. 5). Am 13. November 1943 wurde in der Kirche in Schöning bekannt gegeben, dass der Zugführer Hermann Stollmeier aus Dorfbauerschaft am 20. Oktober 1943 durch einen Bombenangriff auf einen Bahnhof in Russland im Alter von 29 Jahren gefallen sei. Es wurde zum Seelenamt in Delbrück für den kommenden Freitag eingeladen (Publicandum in Schöning 1941-43). Im Sterberegister der Pfarrei St. Joh. Baptist, Delbrück, ist er nicht ver-

Rußland an der Bahn und ist durch Bomben zu Tode gekommen. Lobbenmeiers Franz ist in Breslau im Lazarett gewesen u. gestorben. Er ist hier beerdigt[210]. 2 Tage nachher wurde die Mutter beerdigt[211]. -

In Rußland gehen unsere Truppen furchtbar zurück. Diesseits des Dnjepr sind sie schon. Josef seine Truppe hat sich umgestellt auf Pferde. Er schrieb, wenn er nicht genügend Fahrzeuge behielte, wollte er sich als Schmied melden. Schade, daß es so gekommen ist, er war solange in seinem Fach. Josef schrieb vom 8.11. Wilhelm vom 6. oder 7.11. Willi geht es auch noch gut.

In letzter Zeit sind wieder viele Angriffe gewesen. In Kassel vor 3 Wochen ungefähr, konnten wir hier beobachten. Leuchtschirm stand an Leuchtschirm.

Es werden jetzt Mädchen als Religionslehrerin ausgebildet. Dienstag beginnt ein Katechetinnenkursus fürs Dekanat. Er soll 1 ½ - 2 Jahre dauern. Weil kein Priesternachwuchs da ist und die alten sterben, Junge fallen, zwingt die Sorge für die Zukunft zu dem Schritt.

Sonntag, den 28. Nov.

In dieser Woche war Kathrinenmarkt. Es war nichts los. Nur 1 Karussel und 1 Bude.

In der vergangenen Woche war sehr viel Fliegeralarm. Berlin ist hauptsächlich hergenommen worden.

Westlich Gomel[212] sind schwere Kämpfe. Hoffentlich passiert Josef nichts. Er schrieb vom 10. zuletzt. Auch Wilhelm hat vom 13. zuletzt geschrieben. Es kann auch sein, daß die Post sich irgendwo hält durch die Bombenangriffe.

---

zeichnet.

[210] Der Obergefreite Franz Lobbenmeier, geb. 19. Dezember 1919 in Delbrück-Dorfbauerschaft, wurde am 5. September 1943 bei Charkow/Ukraine durch einen Rückenschuss schwer verwundet, kam am 12. September 1943 nach Breslau ins Lazarett III und starb dort am 11. Oktober 1943, versehen mit den heiligen Sakramenten. Er wurde am 18. Oktober 1943 in Delbrück begraben (KB Delbrück, Bd. 26. S. 234 Nr. 81).

[211] Die Ehefrau Anna Lobbenmeier, geb. Breimhorst, in Dorfbauerschaft, starb nach einer Operation im Alter von 66 Jahren am 16. Oktober 1943 in Paderborn und wurde am 20. Oktober 1943 in Delbrück begraben (KB Delbrück, Bd. 26, S. 233, Nr. 45).

[212] Gomel / Homel, Stadt in Weißrussland.

1. Tagebuch, September 1942 – Silvester 1943

Abb. 23: Rudolf Hess in Delbrück vor dem Haus des Ortsgruppenleiters Lummer, Lange Straße, 1936.

Vor 8 Tagen ist Austerschmidts Oma plötzlich gestorben[213]. Man hat sie am andern Morgen tot im Bett gefunden. Herzschlag. Sie war 76 Jahre alt. Der alte Grunewald ist auch gestorben[214], in Lipperode. Er wird hier beerdigt. Sie haben hier die Gruft.

Fortsetzung am Abend.

Hier war vorhin Versammlung der N.S.D.A.P. Überall sind sie, auf jedem Kaff. Es wird fast nur von der kommenden Vergeltung gesprochen. Auch wird schon mal gesagt, daß die Leute mehr beten sollen.

Es wird bald was geschehen und es muß bald was geschehen. Einmal

---

[213] Bernardine Austerschmidt, geb. Grundmeier, Witwe in Delbrück, geb. 13. Mai 1869, wurde am 19. November 1943 im Alter von 74 Jahren morgens tot gefunden und am 29. November 1943 in Delbrück begraben (KB Delbrück, Bd. 26, S. 233, Nr. 46). Sie lebte in der Langen Straße 39 in Delbrück.

[214] Heinrich Sagemüller, Witwer, Bäcker und Wirt (früher hier Grunewald), geb. 29. September 1868 in Delbrück, starb am 27. November 1943 in Lippstadt an Altersschwäche und wurde am 2. Dezember 1943 in Delbrück begraben (KB Delbrück, Bd. 26, S. 233 Nr. 49).

kommt das Ende. Aber es wird ein Ende mit Schrecken werden. Die Ernte ist auch nicht so aus gefallen, wie sie hätte müssen und die Ukraine fehlt uns. Kartoffeln sind sehr schlecht geraten und Steckrüben fast garnicht. 6 M zahlt man für 1 Ztr. Stellenweise hat man schon jede 3. Kuh beschlagnahmt. Das wirkt sich aber später wieder aus auf Milch und Bullen! Die armen Leute in der Stadt sind wirklich zu bedauern.

Freitag, Silvester 1943

Das alte Jahr geht dem Ende zu. Es hat uns allerhand gebracht und noch keinen Frieden.

In letzter Zeit sind wieder einige gefallen. Von Dreiers 2[215]. Einer hatte beim Militär Magenkrebs bekommen und ist im Lazarett gestorben. Unser Josef hat vom 19.12. zuletzt geschrieben. Er liegt im Revier. Er ist auf die Schulter gefallen und muß arge Schmerzen haben. Er denkt im Januar in Urlaub zu kommen. Wenn es noch glückt, daß sie ihn laufen lassen jetzt. Doras Mann schrieb vom 22.12. Willi gehts auch noch gut. Strunz Jupp war im Urlaub, er mußte am 28. weg.

Der Russe hat am Hl. Abend in die Winterschlacht angetreten[216]. Es geht ganz furchtbar rund.

Korosten[217] ist geräumt. Jos. schrieb, wenn er es nicht an der Schulter hätte, hätte er die Feiertage im Graben verbringen müssen. Es kann sein Glück sein.

---

[215] Der ledige Obergefreite Heinrich Dreier aus Dorfbauerschaft, Träger des EK 2 und 1 und des Verwundetenabzeichens, geb. 4. September 1916, starb am 15. November 1943 sofort durch einen Granatvolltreffer im Osten (KB Delbrück, Bd. 26, S. 234, Nr. 88). Die Chronik von Dorfbauerschaft (StA Delbrück) vermeldet „Dreier Heinrich [Hausnr.] 59" und „Dreier Franz [Hausnr.] 59" 1944 als vermisst.
[216] Die Tagebuchschreiberin wollte zunächst formulieren, dass „der Russe" in die Winterschlacht eingetreten ist, hat sich dann aber für „hat ... Angetreten" entschieden, ohne den Kasus bezüglich der Winterschlacht zu korrigieren.
[217] Stadt in der Ukraine.

1. Tagebuch, September 1942 – Silvester 1943

Die Flieger sind in der letzten Zeit mehrere mal in Berlin gewesen und Mannheim, Offenburg und Frankfurt a. Main.
Von der Vergeltung hört und sieht man nichts.[218]
Kartoffeln sind beschlagnahmt, auch die Steckrüben für die Städter. Es sieht schlimm aus.

---

[218] „Auf die sooft angekündigte Vergeltungsaktion wage ich keine allzu große Hoffnungen zu setzen, wenngleich ich es gerne tun möchte." (Bock, Paderborner Tagebuch, S. 243 zum 1. Januar 1944).

2. Tagebuch vom 2. Januar 1944 – 28. März 1945

~~Theodor Hartmann~~[219]
~~Delbrück 76 III~~

Agnes Hartmann
Delbrück 76

Angefangen am 2. Januar 1944 von Agnes Hartmann

1944

Sonntag, den 2. Januar

Das fünfte Mal feiern wir im Kriege schon das Neujahrsfest. Ob es dieses Jahr zu Ende geht? Voriges Jahr haben wir fest damit gerechnet, das[s] 1943 uns den Frieden bringen würde, aber wir waren enttäuscht.

Viel Schweres ist über unser Vaterland gekommen und noch vielleicht Schwereres wird kommen. Das Ende mit Schrecken! Gerade blieb was am Federhalter hängen, es gab einen schönen Klecks, aber das Blatt heraus zu reißen, ist zu schade. Ich habe es sowieso schon von Theo[220] bekommen, weil er es erst nicht mehr brauchte und Franz braucht es erst im nächsten Jahr.

Im vergangenen Jahr sind, einschließlich Schöning, 41 Krieger gefallen, ohne die Vermißten. Und das sind auch noch viele. Depenbusch Josef hat aus Oklahoma geschrieben von Anfangs Oktober. Sie hatten

---

[219] Für das zweite Tagebuch benutzte Agnes Hartmann ein Schulheft ihres Neffen Theodor (genannt Theo) Hartmann.
[220] Der verheiratete Landmaschinenmechanikermeister Theodor Hartmann, geb. 12. Mai 1935, starb am 19. Juni 1985 in Delbrück. Er war der Sohn von Johannes Hartmann und Neffe der Tagebuchschreiberin.

1/4 Jahr nichts mehr gehört. Jetzt sind sie doch froh, sie können jetzt wenigstens wieder schreiben. Unser Josef kommt vielleicht Ende Januar in Urlaub. Er liegt augenblicklich im Revier, er ist auf die Schulter gefallen. Es ist sein Glück, sonst hätte er Weihnachten im Graben verleben müssen.

Hl. Drei Könige.

In Rußland sind sehr schwere Kämpfe. Besonders in der Gegend von Witebsk[221] und Schitomir.[222] Schitomir ist von uns geräumt. Von dort ist es nicht mehr weit bis zur polnischen Grenze. Josef schrieb am 22. an Mia. Depenbusch Johann kam heute morgen in Urlaub. Er hat bis zum 17.1.

Heute morgen wurde der alte Nadermann beerdigt[223]. Er ist 91 J. alt geworden. Die Tochter Betta[224] in Westerwiehe ist auch tot und wird morgen beerdigt. Thea und Dora wollen mit der Beerdigung.

Dienstag, den 11. Jan.

Thea[225] will hier was drin schreiben. Ich muß noch Briefe schreiben an die Front.

Heute vormittag war Alarm. Sie sind in Bielefeld gewesen. Es soll allerhand kaputt sein. Wie es richtig war, wissen wir noch nicht. Die Delbrücker Feuerwehr lag auch schon in Alarmbereitschaft. Sind aber

---

[221] Stadt im Norden Weißrusslands.
[222] Schytomyr ist eine Stadt im Norden der Ukraine.
[223] Johann *Bernard* Nadermann, geb. 12. November 1852 auf der Graffhorst in Schöning, Witwer und Invalide aus Schöning, der seine letzten Jahre im Delbrücker Krankenhaus verbrachte, starb dort am 3. Januar 1944 im Alter von 91 Jahren an Altersschwäche und wurde am 6. Januar 1944 in Delbrück begraben (KB Delbrück, Bd. 13, S. 118, Nr. 170 und Bd. 26, S. 233, Nr. 1). Er war ein Bruder von Anna Angela Riekschnietz, geb. Nadermann, der Großmutter mütterlicherseits der Tagebuchschreiberin.
[224] Angela *Elisabeth* Nadermann, geb. 26. Juli 1879, war eine Tochter von Johann Bernard Nadermann, Colon in Westerloh, und Anna Maria Brinkschröder (KB Delbrück, Bd. 17, S. 214, Nr. 112). Sie war eine Cousine der Mutter der Tagebuchschreiberin.
[225] Dorothea (genannt Thea) Hartmann (1931-1963), Tochter von Johannes Hartmann und Nichte der Tagebuchschreiberin.

nachher abgeblasen worden[.] Im Osten sind immer noch harte Kämpfe, und im Westen passiert bald was.[226]

Mittwoch, den 12.1.

Gestern abend habe ich noch die Briefe an die Brüder geschrieben. Heute morgen kam Josef an. Depenbusch Johann war am Auto und hatte Fernand[227] weg gebracht. Da kam er mit Josef an. Sie hatten sich 4 ½ Jahre nicht gesehen. Die Freude ist groß! Jetzt ist er zur Braut. Sie sollen die Hochzeit wohl schon besprechen!

Josef hat einen Russen mit gebracht, ein sog. Hilfswilliger (Überläufer).[228]

Er erzählt von dem Paradies. 9 Jahre hat er seinen Vater und seine Schwester nicht mehr gesehen. Es ist traurig.

In Bielefeld muß es nicht so schlimm sein. Die Dürkoppwerke[229] sollen kaputt sein.

Sonntag, den 16. Januar

Josef und Mia sind im Brautunterricht. Dienstag am 25. Januar soll die Hochzeit sein und zwar hier in Delbrück. Die Hochzeitsfeier hier bei uns im Hause. Es ist besser so.

Wenn jetzt Willi nur käme, dann wären wir nochmal alle zusammen.-
Strunz Alfons ist am 23.10. gefallen[230].

Diese Tage sind in Mastholte und Langenberg Bomben gefallen. Von dem Luftdruck sind hier sogar mehrere Fensterscheiben kaputt gegangen.

---

[226] Bis hierhin stammt der Text von der Kinderhand.
[227] Gemeint ist wahrscheinlich Ferdinand Depenbusch, geb. 2. Oktober 1935 in Delbrück, Sohn von Johann Depenbusch und Elisabeth (Liesbeth) Hartmann, ein Neffe der Tagebuchschreiberin.
[228] Die Tagebuchschreiberin gibt im Folgenden Peter als seinen Vornamen an (s. 27. Januar 1944).
[229] Firma zur Produktion von Nähmaschinen und Fahrrädern. Seit Mitte der 1930er Jahre waren die Dürkoppwerke an der Rüstungsproduktion für die Aufrüstung der Wehrmacht beteiligt.
[230] Der Unteroffizier Alfons Strunz aus Delbrück, Träger des EK 2 und 1, des Verwundetenabzeichens und der Ostmedaille, geb. 7. April 1913, starb am 23. März 1943 in Russland (KB Delbrück, Bd. 26, S. 234, Nr. 91).

2. Tagebuch vom 2. Januar 1944 – 28. März 1945

Donnerstag, den 27. Januar

Nun ist alles vorüber. Josef und Mia sind Mann und Frau[231]. Es war alles recht schön und feierlich, besonders in der Kirche. Hier im Hause war es recht gemütlich. Man konnte noch nicht spüren, daß wir im 5. Kriegsjahr sind. Durch die vielen Marken, die uns zur Verfügung standen, Urlaubermarken für Peter auch, Hochzeits- Sonderzuteilung, Führerpaket u.s.w. Es gab noch ganz schön was zusammen.

Willi ist leider nicht gekommen. Am Tage selbst kam aber ein Brief von ihm. Er hätte einige Tage fahren können, wenn Strunz Jungens da gewesen wären. Aber sie sind umgezogen und Willi ist augenblicklich mit dem Chef allein.

Im Norden der Ostfront sind schwere Kämpfe, bes. Oranienbaum u. südlich Leningrad meldet man sie. Oranienbaum, da ist Wilhelm. Seit ¾ Stunde ist schon Alarm. Es ist aber schon Vorentwarnung gewesen. Das ist jetzt neu.

Wenn die meisten feindl. Flieger auf dem Rückflug sich befinden in dem Warnbezirk.

Dienstag, den 8.2.

Im Osten gehen unsere Truppen furchtbar zurück. Im Nordabschnitt sind sie schon in Estland und mitten eine Ecke in Polen. Es sieht traurig aus. Willi sind mehr zur Küste gekommen. Dienst und immer nur Dienst. Dort wartet man auf den Knall und hier auch. Die ganze Welt ist in Spannung. Der Jüngste von Ernsthenrich[232] ist gefallen. Hüsers Georg ist seit dem 1. Sept. vermißt[233].

---

[231] Die kirchliche Trauung von Josef Hartmann, Schmied in Delbrück, derzeit im Felde, geb. 5. Oktober 1911, und Maria Witte aus Anreppen, geb. 25. Juni 1918, erfolgte am 25. Januar 1944 in Delbrück (KB Delbrück, Bd. 22, S. 182, Nr. 2). Maria Hartmann, geb. Witte, starb am 29. November 2005 in Delbrück.

[232] Sie lebten am Kirchplatz. Der Obergefreite Josef Ernsthenrich aus Delbrück, Träger des EK 2, des Verwunderen- und Luftwaffenabzeichens, geb. 21. November 1921 in Herzebrock, starb am 31. Dezember 1943 bei Ortona (Italien) durch einen Herzschuss und war sofort tot (KB Delbrück, Bd. 26, S. 234, Nr. 92).

[233] Der Obergefreite Georg Hüser aus Dorfbauerschaft, geb. 7. Dezember 1909, starb am 28. September 1943 im Lazarett Dnjepr und wurde auf dem „Heldenfriedhof" Saparoshji/Ukraine begraben. Die Todesnachricht stammte erst vom 2. Juni 1944 (KB Delbrück, Bd. 26, S. 235, Nr. 105).

Abb. 24: Hochzeit von Josef Hartmann und Maria (Mia) Witte am 27. Jan. 1944. Von links: - ? - , Dora Hartmann, Elisabeth Depenbusch, - ? -, Johann Hartmann, Mia Witte, Josef Hartmann, Dorothea Hartmann, Georg Hartmann, Anastasia Hartmann geb. Happe. Das Engelchen ist Ursula (Ulla) Hartmann, der Junge rechts ist Willi Hartmann.

Abb. 25: Kinder am Tag der Hochzeit. Von links: Cousin Franz Josef Hartmann, Cousin Hans Hartmann, Theo Hartmannn, Cäcilia (Cilli) Hartmann (Hüser), Cousine Ursula (Ulla) Hartmann, Franz (Fränzchen) Hartmann, hinter Theo und Cilli möglicherweise Hans Depenbusch.

Dienstag, den 15.2.

Gestern ist[234] Josef und Peter[235] wieder nach Rußland gefahren. Es ist furchtbar.

Erst hat man die lange Zeit vor sich. Man denkt, es kann allerhand passieren in dieser Zeit. Es ist nichts geschehen, keine Vergeltung, kein Frieden!

Nur immer mehr hier hin kommen die Russen. Und immer mehr Opfer fordert der Krieg.

Westermeier Georg ist auch gefallen[236]. 2 große Höfe ohne Erben. Von Schlingmanns vor dem Dorfe ist der älteste Sohn gefallen[237]. In 2 Jahren ist dies der 4. Trauerfall auf dem Hofe.[238] Stollmeiers Anton ist vermißt[239]. Doras Mann schreibt schon weit aus Estland. Im Süden sind mehrere Div.[240] eingekesselt und immer noch sieht man keinen Schluß.

Wir sind jetzt auf Wohnungssuche für die jungen Leute! Es ist anders wie früher!

Früher wurde erst die Wohnung fertig gemacht, dann geheiratet. Und jetzt, wenn sie verheiratet sind, kriegen sie eher eine Wohnung. Es sind

---

[234] Im Original steht tatsächlich der Singular und nicht der Plural.

[235] Peter dürfte der russische „Hilfswillige" gewesen sein, den Josef Hartmann, der Bruder der Tagebuchschreiberin, am 12. Januar 1944 mitbrachte (s. 12. und 27. Januar 1944).

[236] Der Grenadier Georg Westermeier aus Nordhagen, geb. 28. Februar 1906, starb am 23. Januar 1944 bei Newel durch Granatsplitter, die ihn am Kopf und Rücken trafen und sofort töteten. Er wurde auf dem „Ehrenfriedhof" Newel begraben (KB Delbrück, Bd. 26, S. 234, Nr. 93).

[237] Der Grenadier Heinrich Westerhorstmann aus Dorfbauerschaft, geb. 15. Mai 1924, wurde am 10. Januar 1944 bei einem nächtlichen Feuergefecht tödlich in der Brust getroffen und fand ein „Heldengrab" bei Kiwegend (KB Delbrück, Bd. 26, S.234, Nr. 94).

[238] Vor Heinrich Westerhorstmann starben zuerst seine Mutter Katharina Westerhorstmann genannt Schlingmann (s. Anm. [90]), dann sein Vater Josef Westerhorstmann genannt Schlingmann (s. Anm. [100]) und schließlich sein Bruder Bernhard Westerhorstmann genannt Schlingmann (s. Anm. [104]). Siehe auch Abb. 15.

[239] Die Chronik der Gemeinde Dorfbauerschaft (StA Delbrück) vermeldet „Stollmeier Anton [Hausnr., d. B.] 208" 1944 als vermisst. Sein Name steht auf dem Delbrücker Kriegerehrenmal unter den Verstorbenen des Jahres 1943 (Kretschmann, Der Delbrück Friedhof, S. 49). Im Sterberegister der kath. Pfarrei St. Johannes Baptist ist er nicht verzeichnet.

[240] Divisionen.

sehr viele Zimmer für Evakuierte beschlagnahmt. Manche Leute nehmen lieber hiesige auf wie fremde Leute.

Samstag, den 26.2.

Josef hat schon von Rußland geschrieben. Am 23.2. bekamen wir schon den Brief vom 19.2. Sie sind beide schon krank, Josef hat so ähnliches wie Magenkrämpfe gehabt und Peter[241] hat Angina. Sie haben noch Glück gehabt. Der Urlaubszug ist von Partisanen mit Granaten beschossen worden. 5 Stunden haben sie in Deckung gelegen. Gott sei Dank sind sie nicht eingesetzt geworden.

Der eine Tag ist ihnen sowieso schon beanstandet worden. Fällt wahrscheinlich in den Papierkorb. In ihrer Nähe meldet man wieder schwere Kämpfe. Vielleicht sind sie auch wieder drin. Es muß überhaupt was im Kommen sein. In dieser ganzen Woche ist noch jeden Tag und jede Nacht Alarm gewesen. Am Sonntag während der 1 Uhr Messe und am Montag während der Betstunden. Einige Stunden hielt das an. Die Bomber kamen hier vorbei mit starkem Jagdschutz. 2 deutsche Jäger sind abgestürzt bei Verl. Viele Leute haben dabei gestanden, da ist noch etwas explodiert. Es gab viele Schwer- und Leichtverletzte. Dr. Schmidtmann hat noch einen Jungen aus Espeln hier ins Krankenhaus geholt, weil das Verler Krankenhaus überfüllt war. Es ist auch zu leichtsinnig. Man hört sowas zu oft. Gestern sind auf dem Richterfeld 2 Phosphorbrandbomben gefallen. Wären die hier auf die Häuser gefallen, wäre eine Reihe mit abgebrannt. Gestern während des Fastenfreitagsamt war auch Alarm. Dauerte aber nur 5 Min. Die Flieger haben recht die Holländische Küste und unsere Flugzeugwerke hergenommen. Ob doch bald eine Infasion[242] eintritt? Weiß Gott, was uns noch alles bevorsteht. Dunkel ist die Zukunft.

Von unserer Belegschaft ist der 3. gefallen. Sassen Josef. Er hatte sich in Westerwiehe selbstständig gemacht. Es war ein guter Junge. Er war bei Willi seiner alten Division, der 106. Vielleicht wäre es Willi genau so gegangen, wäre er damals wieder mit nach Rußland gekommen

---

[241] Beide scheinen danach getrennt worden zu sein, denn am 4. Mai 1944 schrieb Josef Hartmann aus Russland an seine Mutter und Geschwister: „Ich will sehen, daß ich Peter wieder kriege." (Sammlung Claudia Hartmann, Potsdam).
[242] Im Orginal steht tatsächlich „Infasion" statt Invasion.

2. Tagebuch vom 2. Januar 1944 – 28. März 1945

Abb. 26: Ölmühle, Boker Str., Familie Düsterhus, 1952.

Dann haben Ölhmühlers jetzt amtlich Bescheid, daß ihr Edi, 18 J. alt, den Heldentod gestorben ist[243]. Er war noch nicht in Urlaub hier. Dann ist Schweiers Änne[244] ihr Mann im Lazarett gestorben[245]. Von Dreiers Jungens ist einer vermißt.

So geht das immer weiter.

Am Sonntag ist eine Anna Moorfeld gen. Nelling verhaftet. Sie hat, weil sie Evakuierte in ihrer Wohnung aufnehmen sollte, sehr geschimpft und allerhand Bemerkungen gemacht.[246] Die Familie ist für frech be-

---

[243] Der Grenadier Eduard Düsterhus aus Dorfbauerschaft, geb. 5. Dezember 1924, starb am 30. Januar 1944 durch einen Herzschuss bei Witebsk (Krjnkowo), heute Wizebsk/Weißrussland, und wurde auf dem „Ehrenfriedhof" Ossipowa begraben (KB Delbrück, Bd. 26, S. 234, Nr. 95).

[244] Die Heirat von Anna Schweier aus Dorfbauerschaft, geb. 3. April 1915, und Henrich Köllner erfolgte am 19. November 1941 in Delbrück (KB Delbrück, Bd. 22, S. 177, Nr. 20).

[245] Der Gefreite Henrich Köllner aus Delbrück-Feldmark, geb. 17. Mai 1912 in Sudhagen, verheiratet, mit einem Kind, starb am 23. Februar 1944, 3.23 Uhr, im Lazarett in Bad Nauheim an einem bösartigen Bodengeschwulst und wurde am 1. März 1944 in Delbrück begraben (KB Delbrück, Bd. 26, S. 234, Nr. 96).

[246] Anna Morfeld, geb. 22. November 1913 in Nordhagen, wurde wegen „Weigerung zur Aufnahme von Evakuierten" ins Paderborner Gerichtsgefängnis eingewiesen (LAV NRW OWL, D 2 C Paderborn, Nr. 2. Bl. 226v-227, Nr. 2857). Sie wurde am 29. September 1944 zu einer einjährigen Gefängnisstrafe unter Anrechnung der

kannt. Gestern hat man auch die Mutter geholt.[247] Es kommt jetzt allerlei ans Licht, Wucherei u.s.w. Damm Wilm hat 1 ½ Jahre Gefängnis bekommen.[248] Wir haben an unserm Radio jetzt auch den Drahtfunk gefunden. Man kann jetzt immer die Meldungen bei Fliegeralarm verfolgen.

Donnerstag, den 23.3.

Der Siedings Josef[249] ist auch verhaftet worden. Die Leute sind noch nicht helle. Sie denken nicht daran, daß wir schon bald 5 Jahre Krieg haben.

Er hat nicht dreschen wollen, schließlich hat er es polizeilich müssen, bei einer Haussuchung finden sie noch Fleisch mit falschem Stempel![250] Das ist noch das Schlimmste.

Diese Woche ist es schlimm mit dem Alarm. Gestern Abend und heute vormittag war es schlimm.

Untersuchungshaft verurteilt und am 4. April 1945 durch die Besatzungstruppen entlassen (LAV NRW W, D 21 A Nr. 1823). Hinzu kam im Februar 1945 der Tatverdacht der Beihilfe zum Kriegswirtschaftsverbrechen (LAV NRW OWL, D 22 Gütersloh Nr. 9814).

[247] Die Witwe Katharina Elisabeth, genannt Anna, Morfeld, geb. Weidekämper, geb. 4. Juni 1882, starb am 25. Juli 1944 in Nordhagen (KB Delbrück, Bd. 26, S. 237, Nr. 30).

[248] „Damm Wilm" = Wilhelm Hüser, geb. 18. Juni 1872, starb am 27. Juni 1950 in Delbrück (KB Delbrück, Bd. 26, S. 249, Nr. 31). Er war bis 1943 Kollektant der Pfarrkiche (Pfarrchronik Delbrück, S. 50). Wilhelm (genannt Willi) Hartmann, der Bruder der Tagebuchschreiberin, der brieflich über die Geschäfte von „Damm Wilm" informiert worden sein muss, schrieb bereits am 17. Oktober 1943 an die Familie: „Mit Damm Wilm, das sind ja tolle Sachen. Da hatte sich sein rumhalten aber rentiert. Ja ja, das Geld liegt auf der Straße. Bei ihm lag es aber auf dem Teller. Also ewig Weihnachten. Feine Sache was. Aber nun hat er ja auch sein Fett. Wer bekommt jetzt wohl das Geld?" (Sammlung Claudia Hartmann, Potsdam).

[249] Josef Sieding, geb. 22. Juli 1892 in Sudhagen, gest. 23. August 1968 (Sammlung Rade), ledig, wurde nach einer Hausdurchsuchung am 10. März 1944 bei seiner Vernehmung am 13. März 1944 festgenommen und am 28. September 1944 durch das Sondergericht Bielefeld wegen Schwarzschlachtung von drei Schweinen zu zwei Jahren sechs Monaten Gefängnis verurteilt (LAV NRW OWL, D 21 A Nr. 1817).

[250] Die Tagebuchschreiberin erweist sich damit als gut informiert, weil diese Angabe durch die Aussagen im Verfahren gegen Josef Sieding bestätigt werden (s. vorausgehende Anm.).

Sonntag, Palmsonntag, den 2.4.

Seit Montag ist Willi in Urlaub, bis Dienstag nach Ostern hat er. Fein, daß er Ostern hier ist. Doras Mann schreibt erst von Pfingsten. Somit treffen sich die beiden nicht. Vielleicht mit Josef. Er meint, daß er Juni schon wieder an der Reihe wäre.

Es ist furchtbar kalt. Des Nachts friert's tüchtig. Man kann recht noch nicht pflanzen.

In Rußland sieht es nicht gut aus. Im Süden sind schwere Kämpfe. Teilweise sind die Kämpfe schon auf rumänischen und polnischem Boden. Der Engländer kommt auch Tag und Nacht. Alles ist nur auf Mord eingestellt.

Ostern den 9. April 1944

Nun feiern wir schon das fünfte mal Ostern im Kriege. Es sieht noch nicht viel anders aus wie voriges Jahr. Oder doch? Man weiß nicht, was noch werden soll, besser sieht es bestimmt nicht aus wie in den vergangenen Jahren. – Wunderbares Wetter haben wir, so richtig Osterwetter.

Gestern war Alarm. Ich war im Garten, da hörte man schießen mit Bordkanonen. Nachher hörte man erzählen, da sind 6 englische Jäger her gekommen, sie waren sehr niedrig, haushoch vielleicht. In Anreppen haben die Lichtnegges Dach wohl an die 100 Dachpfannen kaputt geschossen.

Durch Bullmanns (Boke) ihr Dach[251], in Mantinghausen ein Pferd tot. Ein engl. Jäger kam hier über die Häuser so niedrig, man meinte, er nähme die Dächer mit. Er wurde von deutschen Jägern verfolgt. Die kleine Straße stand voll Leute. Es ist doch gefährlich, so draußen herum zu stehen. Es soll diesen Sommer wohl noch schlimm werden.

Dienstag, den 2. Mai

So wunderbar schön ist es draußen, wenn nur kein Krieg wär! Man wird immer wieder daran erinnert. Fast jeden Tag mehrere Mal Alarm, manchmal stundenlang.

---

[251] „Am 8. April wurden in der Lippe[ge]gend mehrere Häuser von feindl. Jägern mit Bordwaffen beschossen. Auch Bullmans Haus Untereichen erhielt viele Treffer, wobei ein Schaf im Stalle angeschossen wurde, so daß es notgeschlachtet werden mußte." (Boker Chronik, S. 300).

Am 19. April war ein Angriff auf Paderborn.[252] Allerhand Bomben sind gefallen, der Flugplatz ist hin. Wohl 1000 Mann waren darauf beschäftigt. 15 Flugplätze hat die Werft versorgt. Dann sind viele Bomben ins Feld gefallen, nach Borchen hin. Wenn alle direkt auf die Stadt gefallen wären, stände nicht viel mehr. In der Stadt ist der Kasseler-Tor-Bahnhof, der Bürgerverein und das Haus von Dr. Moll[253] ausgebrannt bzw. bombardiert. An Toten sollen es wohl 40-60 sein. An dem Tag ist auch Werl, Gütersloh, Erwitte, Büren u. noch mehrere Orte durch Bombenabwürfe, meist auf die Flugplätze, betroffen worden.

Ein Georg Nolte[254] und der Mann von Piepers Marianne[255] sind gefallen. Der Boris mußte eigentlich schon am Samstag weg. Weil sein Bruder gefallen ist, hatte er Nachurlaub eingereicht. Er rief an, daß er Mittwoch weg müßte. Mia, Thea und Gertrud waren gestern mit und brachten das Paket hin. Sie konnten es wieder mitnehmen, weil er jetzt erst Montag weg braucht. Nun muß Mia den Weg Sonntag nochmal machen. Wir sollten noch was dabei packen, weil er auch einen Russen bei sich hat, er hilft dann tragen. -

Ich hatte die Fliegergeschichte vom Karfreitag nach Josef geschrieben. Er macht sich noch lustig darüber im letzten Brief. Die Jungens schreiben alle gut. Depenbusch Johann ist seit vorgestern im Urlaub. Er hat 14 Tage.

Happen Lieschen[256] ist in Hamm obdachlos geworden. Sie hat aber wieder eine andere Wohnung.

Die beiden Kinder hat sie hier, den Jungen bei Diedrichsmeiers[257] und

---

[252] Ausführlicher Bericht über die Schäden in: Bock, Paderborner Tagebuch, S. 254 zum 19. April 1944.

[253] Dr. Werner Moll (1883-1967), Chirurg, Leitender Arzt des St. Vincenz-Krankenhauses.

[254] Der Gefreite Georg Nolte aus Delbrück-Feldmark, geb. 9. März 1901 in Bentfeld, verheiratet und drei Kinder, starb am 11. April 1944 in Russland, 3 km von Michedowitski (KB Delbrück, Bd. 26, S. 235, Nr. 101).

[255] Dr. Ulrich von Stuckrad-Barre steht auf dem Delbrücker Kriegerehrenmal unter den Verstorbenen des Jahres 1945 (Kretschmann, Der Delbrück Friedhof, S. 50).

[256] Elisabeth Happe, geb. 23. September 1907 in Elsen (Hucke, Das Kirchspiel Elsen einst und jetzt, S. 217). Sie wuchs in Delbrück auf und war seit dem 4. April 1940 mit dem Kraftwagenführer Emil Bußmann, geb. 13. Januar 1940, in Hamm verheiratet (KB Delbrück, Bd. 22, S. 174, Nr. 4).

[257] Der Schneidermeister Heinrich Diedrichsmeier (1895-1972) und seine Frau Franziska Happe (1901-1986) waren unmittelbare Nachbarn der Familie Hartmann in der Lange Straße 37. Franziska Happe war die Schwester der in Hamm verhei-

2. Tagebuch vom 2. Januar 1944 – 28. März 1945

Abb. 27: Haus Diedrichsmeier links, Haus Hartmann rechts, Ansicht von der Kleine Straße, 1930er Jahre.

das Mädchen bei Georg. Das Kleinste hat sie im Säuglingsheim. Sie richtet sich jetzt die Wohnung wieder ein, dann holt sie die Kinder wieder. Sie müssen doch was mitmachen in den Städten.

Sonntag ist hier Firmung. Der Weihbischof kommt Mittwoch schon hier ins Waisenhaus zum Übernachten. Von da wird er ins Land abgeholt. Samstag abend ist hier der feierliche Empfang. Sonntag morgen ist die Firmung, nachmittags das Glaubensbekenntnis der Jugend.

Montag, der 15. Mai

Die Feierlichkeiten wegen des Bischofsbesuches sind alle gut verlaufen. Am Samstag abend war der feierliche Empfang, darauf Ansprache des Weihbischofs Baumann[258] in der Kirche. Die Firmung war Sonntag

---

rateten „Happen Lieschen" und von Anastasia Happe, der Ehefrau von Georg Hartmann, dem Bruder der Tagebuchschreiberin.

[258] Augustinus Baumann (1881-1953) war von 1932 bis zu seinem Tod Weihbischof in Paderborn (Brandt / Hengst, Die Weihbischöfe in Paderborn, S. 167-171).

morgens²⁵⁹, nachmittags die Jugendkundgebung des ganzen Dekanats. Ich habe Willi²⁶⁰ und Fränzchen²⁶¹ mitgenommen in die Kirche, damit sie mal den Bischof sehen konnten im vollen Ornat. Weiß Gott, ob sie ihn in 5 Jahren zu sehen bekommen. Schlimmes steht bevor! Man ist voll Erwartung der Dinge, die da kommen werden! -

Heini bekam am Freitag einen Stellungsbefehl. Er ist a. v .u.²⁶² und doch sollte er gleich Soldat werden. Balzers Theo²⁶³ ist gerade in Urlaub, der hat sich für ihn eingesetzt und überall versucht. Er hat ihn auch frei bekommen. Er muß jetzt einen U. K. Antrag²⁶⁴ fertig machen. Dann kommt er ganz frei.

Wir sind doch froh! Er war so gut zu Gange jetzt, den hätten sie wieder fertig gemacht.²⁶⁵

Stratmanns Georg ist gefallen, erst 18 J. alt²⁶⁶, und Tangers (Valepagen) ihr Einzigster ist vermißt²⁶⁷.

---

²⁵⁹ Am 7. Mai 1944 wurden 512 Jugendliche durch Weihbischof Augustinus Baumann in der Delbrücker Pfarrkirche gefirmt (KB Delbrück, Bd. 28, S. 183-195), darunter auch Agnes Hartmanns Nichten und Neffen Dorothea (genannt Thea), Cäcilia (genannt Cilli) und Theodor (genannt Theo) Hartmann sowie Heinz und Hans Depenbusch.

²⁶⁰ Wilhelm (Willi) Hartmann (1941-2012), Sohn von Johannes Hartmann und Katharina Sandtüns, Neffe der Tagebuchschreiberin (s. Anm. ⁹³).

²⁶¹ Franz Hartmann (1936-1998), Sohn von Johannes Hartmann und Katharina Sandtüns, Neffe der Tagebuchschreiberin (s. Anm. ¹²¹).

²⁶² Arbeitsverwendungsunfähig.

²⁶³ Theodor (genannt Theo) Balzer, geb. 2. Januar 1914 in Delbrück (KB Delbrück, Bd. 20, S. 149, Nr. 2).

²⁶⁴ Unabkömmlichstellungsantrag.

²⁶⁵ Heinrich Hartmann teilt dem Kapitularvikariat Paderborn am 9. April 1941 mit: „Im Jahre 1937 mußte ich wegen Krankheit mein Theologiestudium aufgeben, nachdem ich 4 Wochen im Priesterseminar gewesen war. In den folgenden Jahren habe ich mich zweimal größeren Operationen unterziehen müssen. Meine Gesundheit ist bis heute nicht wieder hergestellt. Die Militärbehörde hat mich für Waffendienst unfähig erklärt; ebenso hat das Arbeitsamt auch von einer Dienstverpflichtung mit Rücksicht auf meinen Gesundheitszustand abgesehen. (EA PB, Acta specialia, Delbrück, Bd. 1, unpag.).

²⁶⁶ Der ledige Krieger Georg Stratmann, geb. 27. Dezember 1925 in Lippling, starb am 26. April 1944 „bei den schweren Kämpfen nördlich Sewastopol (Krim)" (KB Delbrück, Bd. 26, S. 235, Nr. 102).

²⁶⁷ Der ledige Gefreite Stefan Tanger aus Dorfbauerschaft, geb. 14. September 1924, starb am 28. Dezember 1944 im Lazarett zu Saparoschje/Ukraine in russischer Gefangenschaft und wurde dort auch begraben (KB Delbrück, Bd. 26, S. 243, Nr. 169).

Pfingsten den 28. Mai 1944

Eben während der feierlichen Vesper war Vor- dann Vollalarm. Alles raus aus der Kirche. Starke Verbände sind wieder eingeflogen. Die armen Menschen, denen[268] es jetzt wieder trifft. In der vergangenen Woche war es wieder schlimm. Am Dienstag sind die Flieger wieder in Dortmund gewesen. Die hiesige Feuerwehr wurde am Mittwoch morgen ¼ 4 Uhr wieder alarmiert wie im vorigen Jahr. Sie mußten auch hin. Johann[269] sagt, es wäre furchtbar gewesen. Sie waren in Dortmund Hörde, haben hauptsächlich Kellerbrände löschen müssen, damit die Leichen geborgen werden konnten. Ganz erschütternde Fälle erzählte er. Es ist ganz furchtbar, was die Leute mitmachen müssen. Allein schon diese Not. Und dann noch diese Sorgen der Angehörigen im Felde und auswärts. Tante Dortchen war auch so in Not[270]. Frau Donner ist hingefahren, um selbst nachzusehen, Johann wollte auch hin, da sie aber nur in Hörde waren, konnte er keine Auskunft geben. Frau Donner waren[271] schon im vorigen Jahr bombardiert. Ihr Mann wohnt jetzt in Tantes Wohnung. Alle Lieben dort sind gesund und leben noch. Nur hat Konrad das Geschäft zum 2. mal verloren, und Thea das Geschäft und die halbe Wohnung. Die Schlafzimmer haben sie in Josefs Haus mit. Es ist ein Glück, daß sie die noch haben. Maria hat vor 4 Wochen noch das 4. Kind bekommen. Und sie wäre sehr resolut. Der Mensch ist glücklich zu nennen, der sich über alles hinweg setzen kann.

Dienstag, den 6. Juni

Nun ist es wahrgeworden, wovon man solange gesprochen hat und solange erwartet: die Invasion ist im Gange[272], und zwar in Nordfrankreich zwischen Le-Havre und Cherbourg. Willi soll auch wohl Not

---

[268] Im Original steht tatsächlich „denen" statt „die".
[269] Johannes Hartmann, der Bruder der Tagebuchschreiberin, war bei der Freiwilligen Feuerwehr.
[270] Sie lebte ebenfalls in Dortmund.
[271] Im Original steht tatsächlich „waren" statt „wurde". Wahrscheinlich steht „Frau Donner" stellvertretend für ihre Familie.
[272] „Endlich ist sie da, die langerwartete. In dem Gefühl der schwerwiegenden Entscheidungen bleibt einem fast das Herz stehen. Und doch ist es befreiend das Gefühl: es geht weiter. Der Anfang zum Ende dieses Ringens ist gemacht. Nun wird sich zeigen, was hinter der Vergeltung steckt, über die es in letzter Zeit auffallend still wurde." (Bock, Paderborner Tagebuch, S. 263 zum 6. Juni 1944).

kriegen. Jetzt kommt die Entscheidung. Dieses ist der Anfang. -

Wilhelm ist in Urlaub seit Samstag. Morgen kommen er und Dora nach hier. Josef schrieb vom 1. Juni. Er meint, daß er auch bald wieder in Urlaub käme.

Willi schrieb vom Pfingstsonntag. Sie sind es alle leid.

Sonntag, der 18. Juni

Josef kam am Donnerstag in Urlaub. Er hat wirklich Glück gehabt, dies mal sind es nur 5 Monate her vom letzten Urlaub. Im letzten Jahr war er 3 mal hier. Wilhelm hat jetzt noch 8 Tage. Willi schrieb vom 8.6. Sie müssen dauernd Wache stehen. Noch ist dort nichts passiert.

Die Vergeltung hat begonnen. Unsere sind am 16. das 1. mal mit neuartigen Sprengkörpern von ungeheuren Wirkungen nach England gewesen. Es sind führerlose Flugzeuge mit unbestimmten Ziel. Es muß unheimlich sein. Es geht jetzt anscheinend auf Ganze. Hier ist auch wieder jeden Tag Alarm.

Sonntag, den 25. Juni

Soeben hat Wilhelm Abschied genommen. Voll Ironie lacht der Himmel heute im herrlichsten Blau und schöner Sonne. Die ganzen 3 Wochen hat es fast ununterbrochen geregnet.

Im Osten sind die Kämpfe auch wieder im Gange. Gerade am 3. Jahrestag des Krieges mit Rußland[273] ist der Russe wieder zum Großangriff angetreten. Im Norden und im Mittelabschnitt und in ganz Finnland sind schwere Kämpfe.

Das Störungsfeuer auf London hält immer noch an.

Cherbourg wird jeden Tag fallen. Ist eingeschlossen.

Sonntag, den 16. Juli

Allerhand ist geschehen, seit dem letzten mal. Josef mußte am 7. weg. Und am 12. kam er wieder. Wir haben große Freude und er nicht minder. Seine ganze Einheit u. Div.[274] u. noch mehrere sind eingeschlossen. Sie

---

[273] Der Krieg begann am 22. Juni 1941 mit dem Einfall der Wehrmacht in Russland.
[274] Divisionen.

konnten nicht mehr dahin kommen. Er hat Glück über Glück gehabt. Wir können unserm Herrgott nicht genug danken. –

Josef und seine Einheitskameraden sind nur bis Warschau gekommen, von da zurück nach Neuhaus zur Einheit.

Vorgestern abend kam er eben herüber. Sie hatten sie in die Kasernenuniform gesteckt, zum Schreien sah das aus. Wir haben Arbeitsurlaub eingereicht. Hoffentlich gibt es was. Sunders Heini[275] ist dort im Büro. Er meinte es bestimmt. –

Willi u. Wilhelm schreiben gut. Im Osten geht es furchtbar her. Wilna wird jeden Tag fallen, dann ist es nicht mehr weit bis Ostpreußen. Und die vielen Divisionen, die eingeschlossen sind. Es sind noch mehr wie bei Stalingrad. Und die vielen Bekannten, die drin sind. Die Borisosdiek hatten Josef ein Paket mitgegeben für Heinrich. Sie holen es nachher wieder ab. Es ist furchtbar für die Leute. Gerade so könnte es auch umgekehrt so sein.

In Frankreich geht es auch immer noch schlimm her. Schlimm ist es dort auch mit den Saboteuren u. Banden. V1 fliegt immer nach England. Heute nach[t] und auch gestern nacht war wieder Alarm. Es ist Einquartierung hier.

Sonntag, den 3. Sept.

Es geht bald dem Ende zu. An allen Ecken steht der Feind. Im Osten steht er an der Grenze Ostpreußens, Warschau, Radom[276] und Krakau. Wilhelm ist noch in Lettland. Sie sind vom Land abgeschnitten. Der Weg in die Heimat geht nur übers Wasser. Ob es dort gut geht? Wir sind sehr in Sorge um ihn.

Kommt dann mal wieder Post, die letzte war vom 21.8., dann ist man erst wieder beruhigt. Josef war bis vor 14 Tagen in der Senne. Zwischendurch in Neuhaus u. Osnabrück. Sie sind beim Weichselbogen eingesetzt, bei Radom. Heute erhielten wir einen Brief vom 26.8. Er fährt den Küchenwagen. Sie wurden umgestellt auf Bespannte.

Rumänien geht jetzt seit ungefähr seit 10 Tagen auch gegen uns. Die Ölquellen sind schon weg. – Und im Westen? Ja, da ist der Feind in der

---

[275] Der Soldat Heinrich Sunder, geb. 15. Dezember 1899, wohnhaft Delbrück Haus-Nr. 61, gehörte zu den ersten aus Delbrück, die 1939 zum Wehrdienst einberufen wurden (Kretschmann / Rade / Wieners, Chronik der Stadt Delbrück, S. 94).
[276] Radom, Großstadt in Polen.

September 1944

Abb. 28: Einquartierung im Haus Hartmann, hinten von links: Johannes Hartmann, Willi Hartmann, einquartierte Soldaten, Heinrich Hartmann rechts, vorne von links: Theodor Hartmann, Cousin Hans Hartmann, Cilli und Dorothea Hartmann, Ostern 1940.

Nähe von Trier und Metz. Es sind noch keine 4 Wochen her, da ist der Tommy und Amerikaner unten bei Toulun[277] gelandet. In der Zeit ist er gekommen bei Metz. Dann ist er von der Bretagne gekommen, Paris weg, bis oben Lille, Arras, Verdun. Der ganze Norden ist weg.

Willi kann nicht mehr zurück, nur durch Belgien. Das Schlimmste ist es mit den Banden dort. Man sieht hier bald nicht durch. Auch hier für uns sieht es nicht gut aus. Man macht sich schon Pläne, wo man was vergraben kann. Weiß Gott, was sich in den letzten Wochen noch alles abspielt. – Eines hätte ich bald noch vergessen. Am 20. Juli ist ein Anschlag auf den Führer gemacht. Er blieb unverletzt, einige Offiziere sind zu Tode gekommen. Ganze viele sind erschossen worden, erhängt und was nicht alles. Und jetzt spricht man auch wieder von einem Verrat

---
[277] Toulon, Hafenstadt an der südfranzösischen Mittelmeerküste.

2. Tagebuch vom 2. Januar 1944 – 28. März 1945

Abb. 29: Waisenhaus Delbrück, 1952. Siehe Abb. 9, ⑧.

Abb. 30: Waisenhaus Delbrück, 1952, Fachwerkteil Oststraße.

in Frankreich! Das Kind muß einen Namen haben! Einer ist schuldig! Mit Alarm haben wir in den letzten Wochen nicht so viel Last, mal Tage, wo egal weg geblasen wurde, dann ist es wieder ruhig.

Sonntag, den 17. Sept.

Jetzt ist er da! Im Laufe der Woche hat er die Grenze überschritten. Malmedy, Eupen, Mastrich, Stollberg, Prüm und noch andere Orte sind schon verloren. Aachen ist umzingelt. Halbwegs Köln sind sie schon. Und nun ist der Tommy bei Emmerich gelandet mit Luftlandetruppen. Vorhin wurde alles alarmiert durchs Radio, die Stadtwacht von Essen, Krefeld, Mülheim, Rheinhausen, Duisburg. Auch hier mußte die Landwacht antreten, die Soldaten liegen auch in Alarmbereitschaft. Hier ist nämlich seit 14 Tagen die 4. Landesschützen Komp. Das Kreiskommando ist schon länger hier. Jetzt soll hier noch ein Lazarett dabei. Die Schule, Waisenhaus[278], Laumes[279] u. Kantine[280] sind dafür vorgesehen[281]. Im Pfarrheim sind die meisten nach ihren Wohnsitzen gekommen. Hier sind wieder neue Verwundete gekommen, alles Beinamputierte. Es sind alles Verwundete, die es sich jetzt in Frankreich geholt haben. Die Feuerwehr kann auch vielleicht noch weg müssen heute nacht, für 2-3 Tage. Es ist eine unruhige Zeit. Tag und Nacht Alarm. Soeben auch wieder Vollalarm. Es ist 10 Uhr abends. Heute[282] war das schöne Fest Kreuz-Erhöhung. Um 10 Uhr, 1 Uhr und ½ 6 Uhr waren Messen. Eben war das feierliche Levitenamt, vorher Prozession um die Kirche. Ob wir nächstes Jahr wieder zur Kreuzkapelle gehen?

Wer uns das vor einigen Jahren gesagt hätte, daß nochmal alles so käme, und auch daß man zu jeder Tageszeit kommunizieren darf[283], wir

---

[278] Das Waisenhaus der Caspar-Anton-Lohmann-Stiftung in der Oststraße.
[279] Gaststätte Laumes Kamp an der Boker Straße.
[280] Gaststätte, heute Waldkrug, Graf-Spork-Straße 34, Delbrück.
[281] „Am 15. September [1944] wird das Paderborner Teillazarett, Pfarrheim Delbrück, vergrößert durch Hinzunahme der Gastwirtschaft und der Saalräume in der Wirtschaft Carl Köring – Laumes Kamp. Die Zahl der Lazarettinsassen wird dadurch auf ca. 200 gesteigert" (Kretschmann / Rade / Wieners, Chronik der Stadt Delbrück, S. 102).
[282] Das Fest Kreuzerhöhung ist am 14. September. Es wurde offensichtlich am nächstfolgenden Sonntag feierlich begangen.
[283] Der Erzbischof von Paderborn verkürzte 1944 stark die vorgeschriebene sehr lange Nüchternheitsfrist vor dem Empfang der Kommunion. Dadurch wurde es mög-

2. Tagebuch vom 2. Januar 1944 – 28. März 1945

Abb. 31: Kantine (heute Hotel Waldkrug), um 1930.

Abb. 32: Hotel zur Post, Lange Str. 80, Familie Menneken („bei Bükers"), um 1950.

hätten den für verrückt erklärt! Und wer weiß, was noch alles kommt! Das eine ist sicher, es ist bald aus. Die Flüchtlinge sind hierzulande schon. Hier direkt sind noch keine, können jeden Tag eintreffen. Die armen Leute, 30 Pfd. können sie mitnehmen.

Wir hatten sehr große Sorge um Willi.

Strunz B. und Josef hatten beide schon aus Deutschland geschrieben, waren aber nicht zusammen. Und bei keinem war unser Willi. Auch Brockgreitens Konrad hatte geschrieben, der meinte auch, Willi sei bei Bernard. Wie der nun schrieb, fallen die weiter zurück, waren[284] eine Futterpause eingelegt. Da sind sie von englischen Panzern beschossen worden. Tote und Verwundete hatte es gegeben. Wir rechneten unsern Willi schon dabei. So hart es war, ich rechnete schon damit, daß der Henze[285] jeden Augenblick uns die Nachricht bringen würde. Aber zu unserer Freude bekamen wir am Freitag einen Brief von Willi vom 8.9. von Gemünd. (Das soll der Tommy schon haben.) Sie sind zu 10 Mann und zu Fuß. Sie könnten bald nicht mehr laufen, es wär nur mehr ein schleifen. Wir warten mit Spannung auf den Brief vom 7.8. Wie er schrieb, ist er noch zurück.

Josef schrieb an Mia vom 5.9. Es geht ihm dort nicht so besonders gut. Dort muß es mehr eine Wüste sein und die Entfernungen von Ort zu Ort, dann alles zu Fuß.

Fahrzeuge fallen alle aus wegen Benzinmangel.

Wilhelm schrieb vom 4.9. Es geht ihm noch gut. Jetzt sind dort auch wieder Kämpfe. Rumänien, Bulgarien und Finnland sind auch jetzt gegen uns. Sind es nun alle Verräter?

Unsere armen Truppen!

Gefallen sind in letzter Zeit 2 aus unserer Verwandtschaft, Wreden

---

lich, nicht nur morgens, sondern zu jeder Tageszeit die Kommunion zu empfangen. Erzbischöfliches Generalvikariat Paderborn, Dispensen vom Jejunium eucharisticum im Erzbistum Paderborn, 14. April 1944 (Beilage des Kirchlichen Amtsblatts für die Erzdiözese Paderborn, 87 Jg., Paderborn 1944, Stück 9 vom 22. April 1944).

[284] Im Original steht tatsächlich „waren" statt „hatten".

[285] Der Eisenbahnobersekretär Heinrich Henze, geb. 22. Dezember 1897 in Rüthen, war vom 21. Oktober 1939 bis zum 31. Dezember 1940 und vom 28. August 1943 bis zum 1. April 1945 „Ortsgruppenleiter Vertreter im Amt" (Bundesarchiv Koblenz, Sign. Z 42 V/3321, vgl. Kretschmann / Rade / Wieners, Chronik der Stadt Delbrück, S. 92) und hatte in dieser Funktion die Aufgabe, den Angehörigen die Nachricht vom Tod der Soldaten zu überbringen.

Heini[286] und Ebbesmeiers Josef[287]. Auch Heißens Stefan[288] und Eppings Karl[289] (aus dem Grunde). Von der Lake noch 2, der Babik[290] und Austerschmidt[291].

Auch einige Vermißte sind wieder verlesen. Und wieviele warten noch immer auf Post.

Sonntag, den 8. Oktober 1944

Und warten noch immer. Auch wir wieder auf Post von Willi. Er schrieb vom 15. Sept., daß er nach Utrecht käme. Das wäre gerade in den Tagen der Absetzung der Luftlandetruppen bei Nymwegen. Wenn er dazwischengeraten wäre? Post kommt aus dem Westen sehr schlecht. Der Engländer sitzt dort recht fest. Obschon seit gestern sind die Kämpfe wieder stärker zu Gange. In letzter Zeit ist was los mit den Bomben. Seit acht Tagen haben wir neuen Alarm. Wenn höchste Gefahr ist,

---

[286] Der ledige Feldwebel Heinrich Wrede aus Dorfbauerschaft, geb. 20. August 1913, starb am 12. August 1944 am Bunz (?) im Osten durch einen Volltreffer und wurde von Kameraden begraben (KB Delbrück, Bd. 26, S. 235, Nr. 117). Er war ein Bruder von Wilhelm Wrede, der am 25. Januar 1943 als Soldat starb (s. Anm. [132]). Ihre Großmutter mütterlicherseits, Catharina Schwede, geb. Nadermann, war eine Schwester von Angela Riekschnitz, geb. Nadermann, der Großmutter mütterlicherseits der Tagebuchschreiberin.

[287] Der ledige Gefreite Josef Ebbesmeier aus Delbrück, geb. 8. Januar 1924, starb am 3. August 1944 am Weichselbogen durch ein tödliches Geschoss und wurde auf dem Ehrenfriedhof bei Pulary(?)-Radom begraben (KB Delbrück, Bd. 26, S. 235, Nr. 119). Seine Großmutter väterlicherseits, Elisabeth Dorothea Ebbesmeier, geb. Hartmann, (1863-1936) war eine Schwester von Kaspar Theodor Hartmann (1860-1913), dem Vater der Tagebuchschreiberin.

[288] Der Soldat Stefan von Heissen, geb. 26. Mai 1913, gehörte zu den ersten, die im August 1939 aus Delbrück zum Wehrdienst einberufen wurden (Kretschmann / Rade / Wieners, Chronik der Stadt Delbrück, S. 95). Sein Name fehlt auf dem Delbrücker Kriegerehrenmal wie auch im Sterberegister der Pfarrei St. Joh. Baptist, Delbrück.

[289] Der verheiratete Karl Epping aus Dorfbauerschaft, geb. 26. April 1904, starb am 14. August 1944 (KB Delbrück, Bd. 26, S. 243, Nr. 187).

[290] Der Gefreite Andreas Babik aus Dorfbauerschaft, geb. in Herne, 33 Jahre alt, verheiratet und vier Kinder, starb am 29. Juli 1944 durch einen Kopfschuss in Russland (KB Delbrück, Bd. 26, S. 235, Nr. 113).

[291] Der ledige Unteroffizier Josef Austerschmidt aus Dorfbauerschaft, geb. 26. Januar 1919 in Dorfbauerschaft, wurde am 18. Juli 1944 bei Kowel/Ukraine durch einen Granatsplitter sofort getötet und in einen Bunker getragen. Er konnte nicht beerdigt werden (KB Delbrück, Bd. 26, S. 235, Nr. 112).

dann kommt „akute Luftgefahr", zwei mal kurzes Aufheulen der Sirenen. Das haben wir in den letzten Wochen schon oft gehabt. Die Bomben sind immer nur so gefallen. In Westenholz 84[292], in Steinhorst einige, zwischen Thüle und Boke. In Mastholte und Lipperode u. Waldliesborn. Dort ist es schlimm geworden. 25 Häuser ausgebrannt, das Schwesternhaus ist auch weg. Auch mehrere Tote hat es dort gegeben[293]. Am Freitag sind mehrere Bomben in Nordhagen gefallen. Der Pole bei Tegethoffs ist zu Tode gekommen[294]. Heute nachmittag ist er beerdigt geworden. Der Pastor und der alte Lübbers aus[295] Kreuzträger gingen mit. Die sind immer ganz feierlich die Beerdigungen der Ausländer. Man weiß nicht, wie man es machen soll, im Freien ist man auch nicht sicher, ebensowenig wie im Keller. Der Tod kann einem überall treffen.

---

[292] „Am 2. Oktober 44 gegen Mittach kahmen mehrere Verbände v. Norden nach Westen, Flugen das Gebiet Haustenbach Westenholz und warfen 72 Bomben, an beide seiten des Bachs, eine Brücke und ein par Stellen Bachdämmes wurden getroffen, auch das Heuerhaus der Ww. Saneke gehöhrend, ist sehr Beschädigt von Bombensplitter, in der Nähe v 5 Bomben!" (Chronik der Gemeinde Westenholz zum Jahr 1944). Frdl. Mitteilung von Franz Sandmeyer, Westenholz.

[293] Luig, Als die Uhr um neun Minuten vor zwölf stehen blieb. Erinnerung an die fünf Toten des schweren Fliegerangriffs am 5. Oktober 1944 auf Bad Waldliesborn.

[294] Anton Matuszevski, polnischer Gefangener, Arbeiter bei Tegethoff, Nordhagen, geb. 3. Juli 1913 in Pryzerade Novy, Kr. Mława, durch Fliegerangriff am 5. Oktober 1944 um 12 Uhr mittags schwer verwundet und ½ 2 Uhr am selben Tag gestorben, begraben am 8. Oktober 1944 in Delbrück (KB Delbrück, Bd. 26, S. 238, Nr. 37). Kolek, Vergessen?, S. 96 [mit einem Foto], 103, 134 u. 141, nennt ihn Matuschewsky und irrtümlich den 9. Oktober 1944 als Sterbedatum. Die Sterbeurkunde des Standesamtes Delbrück vom 6. Oktober 1944 lautet: „Der polnische Zivilarbeiter Anton Matuschewski, römisch-katholisch, wohnhaft Hagen 2, ist am 5. Oktober 1944 um 13 Uhr 45 Minuten in Hagen, bei einem feindlichen Luftangriff verstorben. Der Verstorbene war geboren am 3. Juli 1913 in Przerade Nowy Kreis Mlawa. Der Verstorbene war nicht verheiratet. Eingetragen auf schriftliche Anzeige der Ortspolizeibehörde in Delbrück. Weitere Angaben sind nicht festzustellen. Der Standesbeamte. In Vertretung: Austerschmidt. Todesursache: bei einem feindlichen Luftangriff gefallen." (Standesamt Delbrück, Sterberegister 1944, Nr. 71). Auf dem Grabstein auf dem Delbrücker Friedhof, der seinen Namen irrtümlich in kyrillischer Schrift trägt, ist der „5. 10. 1944" als Sterbetag vermerkt (Foto, Kolek, Vergessen?, S. 134). „Wir in unserem ländlichen Raum erlebten bei ständiger Luftgefahr Tieffliegerangriffe auf Eisenbahnen, Radfahrer und auf den Feldern arbeitende Menschen. So wurde im Oktober 1944 ein polnischer Gefangener beim Pflügen in der Nähe des Bahnhofes Nordhagen von feindlichen Geschossen tödlich getroffen (Klocke, Kindheit unterm Hakenkreuz, S. 87).

[295] Im Text steht irrtümlich „aus" statt „als".

In Lettland sind schon länger Absatzbewegungen unserer Truppen. Ob Wilhelm auch das Glück gehabt hat und ist herausgekommen? Die nächste Post muß es uns berichten. So viele sind wieder vermißt, auch der Lingemanns[296], Dentzers Josef u. Protten Josef[297]. Der erste von unserer Nachbarschaft ist gefallen, Butterkrügers Franz, 19 J. alt[298]. Sieweken Mathilde war in Italien als Stabshelferin, sie ist dort beim Baden ertrunken durch Herzschlag[299].

Sonntag, den 15. Okt.

Willi hat geschrieben vom 29.9. u. 1.10. Wir sind so froh! Er ist in Holland gewesen, 10 Tage bei einer Kampfgruppe. Von dort sind sie auf Umwegen über Münster, Dortmund, Essen, Köln u.s.w. nach Hamburg gekommen. Von da über Saarbrücken nach Miltesheim[300] 35 km von Trier. Dort ist er wieder bei der alten Einheit gelandet. Er ist jetzt wieder bei Strunz B. Jetzt konnten wir wieder schreiben. Wir haben sofort lange Briefe geschrieben. Er hat nichts mehr, hat alles verloren. Kleinigkeiten können wir in den Briefumschlag tun. Mehr wie 25 g. darf es nicht wiegen.

Es ist heute was los mit dem Alarm. Heute nacht kamen sie massenweise vorüber.

---

[296] Der Name „Ant. Lingemann" steht auf dem Delbrücker Kriegerehrenmal unter den Verstorbenen des Jahres 1944 (Kretschmann, Der Delbrück Friedhof, S. 49). Im Sterberegister der kath. Pfarrei St. Johannes Baptist ist er nicht verzeichnet.

[297] Die Chronik der Gemeinde Dorfbauerschaft (StA Delbrück) nennt „Protte Josef [Hausnr.] 163" im Jahr 1944 unter den Vermissten. Der Büroangestellte Josef Protte aus Delbrück-Dorfbauerschaft, geb. 8. September 1907, starb am 21. Oktober 1945 in Delbrück an Tuberkulose und wurde am 25. Oktober 1945 in Delbrück begraben (KB Delbrück, Bd. 26, S. 240, Nr. 77).

[298] Der ledige Gefreite Franz Stamm aus Delbrück, geb. 19. April 1925, starb am 14. September 1944 an der Südfront in Italien durch eine Granate. Er war nach einigen Minuten tot und fand ein „Heldengrab" in S. Lorenzo, südlich von Rimini. Nach einer anderen Meldung wurde er in ein englisches Feldlazarett gebracht und erlag dort am 15. September 1944 seinen Verletzungen (KB Delbrück, Bd. 26, S. 235, Nr. 121).

[299] Mathilde Sieweke, geb. in Delbrück-Nordhagen 7. November 1915, ertrank am 25. September 1944 als Stabshelferin einer Sanitätsstaffel beim Baden in Italien und wurde in Verona begraben (KB Delbrück, Bd. 26, S. 235, Nr. 114).

[300] Ob Mietesheim, Dep. Bas-Rhin, nördlich von Straßburg, oder Hillesheim, Landkreis Vulkaneifel, nördlich von Tier gemeint ist? Zu beiden Orten stimmt jedoch die Entfernungsangabe nicht.

Sonntag, den 29. Okt.

Heute ist der Volkssturm 8 Tage alt.[301] Dann mußten sich alle Männer von 16. bis 60. Lebensjahr melden. Wenn es jetzt nottut, werden die eingesetzt. In Ostpreußen hat man schon Volkssturm Battl. gebildet. Der Russe ist schon bis Gumbinnen[302]. Im Westen geht es auch weiter. Aachen ist weg. Mein Gott, es ist alles Bluff! Es nützt ja doch nichts mehr. Das Volk ist verbittert bis dorthin. Mit den Bombardieren nimmt auch Überhand. Wie man erzählen hört von Frauen und wie sie schreiben aus den Städten, es ist furchbar! Eine Panik en[t]steht schon bei akute Luftgefahr vor den Bunkern. Es werden schon immer mehrere Menschen einfach zertreten! Wann hört dies wohl auf?

Vor 8 Tagen sind auch in Steinhorst allerhand Spreng- und mehrere 100 Brandbomben gefallen. Ein gr. Bauernhaus mit einigen Nebengebäuden ist total abgebrannt[303]. Die ganze Strecke bis Gütersloh sind 126 Sprengbomben gefallen. Vor Gütersloh auch 4 Häuser ausgebrannt. Ferner sind in Mantinghausen viele Brandbomben gefallen, 1 Haus ausgebrannt, eins hat 2 Volltreffer bekommen, der Mann tot.[304]

So ist man auch auf dem Land nicht sicher. Die Städter, die hier hin gezogen sind, wollen zum Teil wieder zurück. Dort hat man sichere Bunker.

Wir bekommen die letzten Tage 2 Frauen mit Kinder aus Paderborn. Sie ziehen für sich auf das Lehrjungenzimmer. Dann haben wir sie nicht im Haushalt, wir sind sowieso schon mit 14-16 Mann.

---

[301] Der „Erlass des Führers über die Bildung des Deutschen Volkssturms" vom 25. September 1944 wurde am 20. Oktober 1944 im Reichsgesetzblatt veröffentlicht.
[302] Stadt östlich von Königsberg.
[303] „Am frühen Nachmittag des 22. Oktober 1944, einem Sonntag mit diesigem Wetter, trafen Brandbomben den Hof Sudhoff. Das Wohnhaus brannte völlig aus. Getroffen wurde auch das Haus Wittreck (jetzt Freise). Dort war der Schaden aber nicht so groß. Verletzt wurde niemand, alle kamen mit dem Schrecken davon. Sprengbomben fielen bei dem Angriff ins Steinhorster Bruch." (Hesse / Honselmann / Hoppe-Biermeyer, 550 Jahre Steinhorst, S. 200).
[304] „Das Haus des Bauern Richter wurde am 22. Oktober durch Fliegerbomben vollständig zerstört. Der 64jährige Besitzer kam zu Tode. Das 200 m entfernte, östlich gelegene Anwesen Thiele brannte vollständig aus." (Hückelmann, Das Lippedorf Mantinghausen, S. 247-248).

Sonntag, den 26. Nov.

Die Frauen sind noch nicht da. Eingerichtet haben sie das Zimmer, aber anscheinend warten sie, bis die Gefahr größer wird. Dann sollen sie wohl diese Tage kommen, denn vorhin sind wieder anständige Bomben gefallen. In Münster, Bielefeld, Gütersloh[305], Ostenland[306], Lippspringe und sonst noch. Wir waren gerade am Mittagessen, da sind wir bei weg gelaufen. Das ganze Haus rappelte. - In letzter Zeit sind viele gefallen, u.a. die lieben Bekannten Stroops Anton[307] und Bükers Heini[308]. Vermißt sind die beiden Vettern Rempen Willi[309] und Kamer Bernhard[310]. Seine Frau und Kinder sind vor einigen Wochen glücklich aus Ostpr. hier angekommen. Wenn wir nur nicht flüchten brauchen vorm Feind im Westen? Dort geht es jetzt vorwärts. Nicht so bei Aachen, aber unten im Lothringschen und im Elsaß, Straßburg und noch andere Städte sind weg. Bei Saarburg sind schon Kämpfe. – Im Osten geht es bes. bei Libau[311] heftig zu. Dort ist auch Doras Mann und viele Delbrücker. Wenn sie dort nicht weg kommen? Man darf nicht daran denken, bes. da Weihnachten vor der Tür steht. Von Willi haben wir vom 27.10. das Letzte gehört. Die Post soll in Paderborn aufgestapelt liegen, und wir warten

---

[305] Herrmann, Bahnhof Gütersloh vor 75 Jahren, bestätigt den Angriff auf Gütersloh am 26. November 1944, S. 13.

[306] „Am 26.11.[1944, d. B.], kurz nach Mittag wurde die Familie Hamschmidt, Nr. 70, beim Mittagessen aufgejagt. Dicht beim Hause ging eine Bombe im Kamp nieder, riß ein gewaltiges Loch, zertrümmerte Dachpfannen, Fenster und Türen, verursachte Risse im Mauerwerk. Die Leute kamen mit dem Schrecken davon. Nicht weit davon fiel noch ein Blindgänger" (Willeke, Chronik der Gemeinde Ostenland, S. 129).

[307] Der ledige Grenadier Anton Stroop aus Delbrück, 17 Jahre alt, starb am 22. Oktober 1944 durch einen Kopfschuss bei Karkheim, Kreis Angerapp (Ostpr.), „auch hier begraben" (KB Delbrück, Bd. 26, S. 236, Nr. 127).

[308] Der ledige Gefreite Heinrich Menneken aus Delbrück, geb. 11. Juli 1918, starb am 11. Oktober 1944 in Finnland durch einen Kopfschuss, der ihn sofort tötete. Seine Leiche konnte nicht begraben werden (KB Delbrück, Bd. 26, S. 236, Nr. 132).

[309] Wilhelm Rempe, geb. 17. August 1912 in Dortmund, gest. ebd. 23. August 2002, Sohn von Dorothea Rempe, geb. Hartmann. Er galt als vermisst, bis seine Mutter etwa 1946 die Nachricht erhielt, dass er lebe. Er kehrte Ende 1948 aus russischer Kriegsgefangenschaft zurück (Freundliche Mitteilung von Konrad Rempe, Dortmund, vom 5. Januar 2020 an den Bearbeiter).

[310] Bernhard Hartmann, geb. 11. Dezember 1914 in Delbrück, Sohn von Neubauer Wilhelm Hartmann und Anna Davidheimann in Delbrück-Feldmark.

[311] Libau /Liepāja, Stadt an der Ostsee im Westen Lettlands.

dann in Unruhe und Sorge! Es ist doch bald aus! Heini war zu Besuch nach Balzers Theo[312] nach Fulda. Die Verhältnisse auf den Bahnhöfen und auch so unterwegs, wären nicht zu beschreiben. Mia ist neulich Zeuge gewesen, als ein Zug mit Evakuierten aus Jülich eingelaufen ist in Paderb. So langsam fangen die Leute an zu meutern. Dieses ist auch bald nicht mehr zum Aushalten für die armen Menschen in den Städten.

In den letzten Wochen hat es fast dauernd geregnet. Viele haben den Roggen noch nicht alle drin. Eine Hungersnot prophezeien alle für nächstes Frühjahr!

Gebe Gott, daß bald Schluß dieses Mordens ist.

Freitag, Maria Empfängnis

Es wird jeden Tag schlimmer!

Fast alle Bahnhöfe sind zerstört, kein Paket kommt mehr und keine Post. Wir haben von Willi nichts wieder gehört und von Josef auch schon bald 4 Wochen nicht mehr. Besonders im Westen ist bald alles kaputt. Und bei Bielefeld und Altenbeken[313] sind die Viadukte kaputt, die umgeleitete Bahn über Brilon auch schon wieder bombardiert. Und diese sind die Hauptstrecken der Postbeförderung. Seit Montag haben wir Rempen Theo[314] seine kleine Änne, 2 1/2 J. alt[315]. Maria[316], seine Frau war hier. Die Zwillinge[317] von 3 1/2 J. hat sie in Lippstadt bei den Verwandten gelassen, den kleinen Bernhard[318], 7 Mon. alt, ist noch zu Hause. Marias Schwester ist Fürsorgeschwester, die versorgt es. Sie wohnen, nachdem ihr Haus weg war, in Tante Dortchens Haus. Aber an diesen sind auch Türen und Fenster zerstört, ein Wohnen dort drin wäre unmöglich. Sie will jetzt mit den 4 Kindern nach Osterloh in Doras Wohnung ziehen. Eine furchtbare Umstellung aus der Großstadt in die große Heide!

---

[312] S. Anm. [263].
[313] Der Altenbekener Viadukt wurde am 26. November 1944 zum ersten Mal zerstört (Hohmann, Das Ende des Zweiten Weltkrieges im Raum Paderborn, S. 340).
[314] Theo Rempe, geb. 17. September 1906 in Dortmund, gest. 8. Dezember 1992 in Köln, Sohn von Dorothea Rempe, geb. Hartmann.
[315] Änne Wellen, geb. Rempe, geb. 29. Mai 1942 in Dortmund.
[316] Maria Koch, geb. 4. Juli 1910 in Dortmund, gest. 28. Oktober 1987 in Köln, war seit 1937 mit dem Friseurmeister Theo Rempe (s. Anm. [180]) verheiratet.
[317] Dorothea und Johannes Rempe, geb. 19. März 1941 in Dortmund.
[318] Bernhard Rempe, geb. 3. Mai 1944 in Dortmund.

2. Tagebuch vom 2. Januar 1944 – 28. März 1945

Vorläufig behalten wir das kleine Mädchen, ist ein liebes Ding! Maria kam heute Mittag, sie will alles mal ansehen und in Ordnung bringen, dann will sie übersiedeln. Es ist auch besser so!

Am Donnerstag abend kam der Nikolaus, es war Vollalarm, kurz danach akut.

Er ist ganz furchtbar auf der Welt. Mittwoch abend war ein Terrorangriff auf Soest[319]. Von hier mußte auch die Feuerwehr hin. Johann[320] sagt, es wäre verheerend, was die wieder angerichtet haben. Es sind dort 40-80 Zentnerbomben gefallen. Die Erschütterungen waren schon hier so stark, daß alles wackelte. Auch Gütersloh, Bielefeld und Münster waren wieder das Ziel der feindl. Bomber. Ob es hier gut geht?

2. Weihnachtstag 1944

Nun ist bald alles vorbei. Was freute man sich früher auf Weihnachten und jetzt ist man beinahe froh, wenn es wieder vorbei ist. Alle Lieben draußen haben dann auch alles überstanden.

Die kleine Änni aus Dortmund ist noch bei uns. Maria ist mit dem kl. Bernard in Osterloh. Ihre Sachen hat sie zum größten Teil schon da. Sie richtet sich jetzt mit Ruhe ein. Theo[321] kommt jetzt vielleicht zu Neujahr in Urlaub. (4 Tage Evakuierungsurlaub). Dann will sie die Kinder alle zusammenholen.

Unsere haben im Westen einen Gegenangriff gemacht. Sie haben dem Feind mächtig eins drauf gegeben. Ob es von Dauer ist? Es war eine Verzweiflungstat! Es geht so oder so auch nicht mehr. Wenn man bloß das Ende absehen könnte! Aber es ist dunkel.

Silvester 1944

Was uns das alte Jahr gebracht hat, waren nur Rückschläge. Wie weit waren unsere Truppen vor einem Jahr noch! Und jetzt? Der Feind in Ost und West im Land. Italien und Finnland fast vom Feind besetzt! Und dann noch die Zerstörung der Städte im Land durch die Bomben.

---

[319] Der Luftangriff auf Soest fand am 5. Dezember 1944 statt (Schmuhl, Bad Sassendorf im 20. Jahrhundert, S. 324).
[320] Johannes Hartmann, der Bruder der Tagebuchschreiberin.
[321] Theo Rempe, der Ehemann der Maria und Vater der vier kleinen Kinder.

Ob uns das neue Jahr den Frieden bringt? Man möchte es noch bezweifeln. In unserer Familie hat es im letzten Jahr gutgegangen. Keiner hat eine schwere Krankheit durchmachen müssen. Glück haben wir aber trotzdem gehabt, dass die Sache mit Franz[322] so gut verlaufen ist und, daß unser Josef und Willi so Glück gehabt haben. Sie hätten damals bei dem Rückzug genau so gut in Gefangenschaft kommen können, wie ihre Kameraden auch. Ist doch so mancher nicht mehr am Leben, der vor einem Jahr noch nicht daran dachte. Was uns das neue Jahr bringt? Wir wollen es getrost unserem Herrgott überlassen.

1945

24. Januar 1945

Wir sind bald am Ende!

Der Russe hat am 13. Jan. wieder an der ganzen Front angegriffen. In den 10. Tagen ist er schon gekommen bis kurz vor Beuthen, Breslau, Posen und Bromberg. In Ostpreußen steht er 50 klm vor Elbing von Süden her und soweit steht die Abschneidung des ostpreußischen Heeres bevor und somit auch des Kurlandes. Wir sind sehr in Sorge um Josef, Wilhelm und Dep. Johann und die in Schlesien![323]

Willi hat auch vom 10. Dez. nicht mehr geschrieben.

Heute vor 8 Tagen, am 17. Jan., war ein Angriff auf Paderborn. Wir haben aber nichts davon gespürt, Erschütterung u. dergl. Es ist allerhand kaputt. Viele Häuser, viele Bekannte, wie Zünkler, Hartmanns Spedition[324] und Metzger[325], Levermann, Göertz, Arbeitsamt, Standortlazarett, Residenztheater, Jesuitenkirche, Gymnasium u. Akademie[326]. Der Dom hat auch ordentlich was abgekriegt. Schildern, Marienplatz u. Domplatz soll verheerend aussehen. 600 Tote und mehr sind zu bekla-

---

[322] Er hatte Tuberkulose in der Hüfte.
[323] Verwandte aus Neudorf/Schlesien, s. 10. Februar 1945.
[324] Sie lag am Ketten-, heute Marienplatz in Paderborn.
[325] Die Metzgerei Hartmann war im Haus Schildern 12 in Paderborn
[326] Jesuiten-/Marktkirche, Gymnasium Theodorianum und Erzbischöfliche Theologische Fakultät/Akademie am Kamp in Paderborn.

gen[327]. Sie[328] sind in der Westfriedhofhalle, Meinolfus und Herz-Jesu-Kirche, sind sie aufgebahrt.

Samstag, den 10. Febr.

Josef ist gut heraus gekommen. Er schrieb vom 25. Jan. von Glogau an der Oder. Aber das ist schon lange weg. Der Russe steht jetzt nur noch 40-50 klm vor Berlin bei Küstrin, Frankfurt. In Schlesien ist der obere Teil sozusagen weg. In Niederschlesien sind sie stark über die Oder und stehen vor Liegnitz. Anna aus Neudorf[329] schrieb von Zirlau[330]. Die ganzen Neudorfer sind dort vorläufig untergebracht. Heinrich u. Rudi sind auch dabei. Sie sind also nicht beim Volkssturm.

Sie müssen sich jetzt dort auch wieder wegmachen, der Iwan kommt näher. – Mein Gott! Was gibt dies bloß. Wo sollen die Leute alle hin? Bei Jecks zieht schon eine Familie aus Riga [ein]. Der Mann macht bei Eppings Johann[331] eine Werkstatt auf. Umbau der Autos auf Holzgas. –

Jetzt sind es gerade 8 Tage, da wurde der Delbr. Zug, der um 4 Uhr nach Wiedenbrück fuhr, kurz hinter Nordhagen mit Bordwaffen be-

---

[327] Hohmann, Das Ende des Zweiten Weltkrieges im Raum Paderborn, S. 340, nennt die Zahl von 239 Toten nach dem Angriff auf den Paderborner Verschiebebahnhof am 17. Januar 1945.
[328] Das erste „Sie" im Satz hat die Schreiberin im Original nachgetragen, ohne das zweite „sie" zu streichen.
[329] Anna Sandtüns, geb. 29. Mai 1905 in Sudhagen, heiratete am 14. Mai 1929 in Neudorf, Kreis Oels / Oleśnica / Schlesien, Heinrich Schormann aus Westenholz. Nach dem Zweiten Weltkrieg lebten sie in Westenholz. Sie hatten einen Sohn namens Rudi Trenthoff (geb. 18. April 1929, gest. 21. Juli 2018) (Sammlung Rade). Anna Sandtüns war eine Schwester von Katharina Sandtüns, der Ehefrau von Johannes Hartmann.
[330] Zirlau/Ciernie, heute Teil der Stadt Freiburg / Świebodzice, Niederschlesien.
[331] Der Omnibus-Unternehmer Johannes Epping in Delbrück, geb. 13. Februar 1902, starb am 10. Februar 1969 in Rietberg (KB Delbrück, Bd. 34, S. 74, Nr. 7).

Februar 1945

Abb. 33: Blick auf die ehem. Jesuitenkirche, links das gerichtete Rathaus, Paderborn 1948.

schossen[332]. Der Gerken[333] wurde schwer verwundet und der Capski[334] so schwer verwundet, daß er am Sonntagvormittag gestorben ist. So wird so manches Opfer gefordert. Im Westen geht es auch wieder stärker her. Im Nordteil greift der Engl. stärker mit Flieger an. Wenn es dort mal richtig los geht, ist er in einigen Tagen hier.

Sonntag, den 18. Febr.

Seit Tagen hört man das Donnern der Front. Bei Emmerich steht der Feind. Die Flieger richten viel Unheil an, bes. die Tiefflieger. – Im Osten ist der Russe 20 klm vor Kottbus. Die Flüchtlinge haben sich noch nicht wieder gemeldet. Wenn sie noch da sind, steht es schlimm für sie.

Jetzt sind wir hier so weit. Sie bauen hier in Delbrück Panzersperren. Eine hier bei Georg seinem Haus[335] und eine in der Thülecke. Sie werden von Holzstämmen gemacht. Dieselben kommen 1 ½ m tief in der Erde, 2 m heraus und so Pfahl an Pfahl. An beiden Enden kommt eine schmale Spalte zum Durchgehen. In der Mitte ein Weg zum Fahren. Im Notfalle, wenn der Feind näher kommt, wird ein 240 Zentner schwerer Zementblock davorgezogen[336] und dann geht das Verteidigen los. Die

---

[332] „Einen besonderen Stellenwert unter jenen Angriffstagen nimmt für Delbrück aber der 5. Februar 1945 ein. [...] Es war gegen 15.30 Uhr, als schon wieder [...] Fliegeralarm gemeldet wurde. Im selben Augenblick sahen wir vom Fenster aus den Nachmittagszug in Richtung Wiedenbrück fahren. [...] Nach wenigen Minuten hörte man das Dröhnen der Jabos, die über unserem Städtchen kreisten. [...], aber dann sahen wir sie tief fliegend, in westlicher Richtung verschwinden, und schon knallten unaufhörlich die Maschinengewehrsalven. Wir ahnten es – kurz vor Nordhagen hatten sie den fahrenden Zug getroffen, durch den Führerstand der Lokomotive geschossen, den Lokführer schwer verletzt und den Heizer, einen Familienvater von vier Kindern, tödlich getroffen. Die wenigen Reisenden waren sofort nach dem Halten in den Graben geflüchtet. Schnell verbreitete sich diese Schreckensnachricht in unserer Stadt (Klocke, Kindheit unterm Hakenkreuz, S. 87-88).

[333] Der Lokführer Heinrich Gerken, geb. 26. Februar 1888, starb am 10. August 1973 in Paderborn (KB Delbrück, Bd, 34, S. 102, Nr. 36).

[334] Der Hilfsheizer Ludwig Czapski aus Delbrück-Dorfbauerschaft, geboren in Gelsenkirchen, starb im Alter 43 Jahren am 4. Februar 1945 in Schloß Neuhaus durch „Bordwaffen" und wurde am 7. Februar 1945 in Delbrück begraben (KB Delbrück, Bd. 26, S. 238, Nr. 3).

[335] Lange Straße 40, Delbrück.

[336] „An der Ein- und Ausfahrt unserer Stadt mußten ältere, nicht wehrfähige Männer unter Kommando des Ortsgruppenleiters Panzersperren bauen. Das waren in die-

ganze Ecke hier ist jetzt mehr in Gefahr bes. Georg sein Haus. Wenn es noch so weit kommt, heißt das. Wer hätte das vor 4 -5 ja vor 3 Jahren noch geglaubt, daß es noch so weit käme? Es ist eine Unzufriedenheit im Volk und überall. Man meint manchmal, es käme noch etwas anderes dazwischen. Gott mag es uns schenken!

Sonntag, den 4. März

Der Feind steht vor Köln u. Düsseldorf. Trier und Krefeld sind weg. Im Osten ist die Ostsee erreicht bei Kohlberg[337]. Mit den Luftangriffen in den letzten 14 Tagen ist es ganz furchtbar. Jeden Tag fliegen Tausende ein und werfen Bomben nicht auf Verkehrsziele. In Dresden sollen 180 000 Tote sein[338]. Jeden Tag u. Nacht gehts nach Berlin. Die Leute müssen doch verzweifeln. Es ist ein Durcheinander. Alles ist am beraten und überlegen im Falle, wenn der Feind hier kommt. Wenn es erst nur vorüber wäre. Von allen Lieben aus dem Osten kommt keine Nachricht. Willi schrieb vom 2. Febr. Es kann auch keine Post mehr kommen. Alles ist kaputt! Unser kleiner Zug fährt nur mehr einmal am Tag jede Strecke. Man weiß nicht, was von einem Tag vom anderen passieren kann. Paderborn hat am 23. Febr. wieder einen kleinen Angriff mitgemacht, 13 Tote.[339]

Sonntag, den 18. März

Und am 10. März war wieder ein Angriff auf Paderborn.[340] Dies mal recht arg, viele Brandbomben. Soviele Tote wie das 1. Mal ja wohl nicht. Heini war hier. Bei der Fabrik ist der Schuppen abgebrannt. 20000 Pakete Waschpulver und dergl. sind mit abgebrannt. Seit der Zeit haben wir noch kein Licht wieder gehabt. Und in diesem Kriege denken wir auch

---

sem Fall riesige hölzerne, mit Kies, Sand und Steinen angefüllte Tonnen, die man voreinander schieben konnte." (Klocke, Kindheit unterm Hakenkreuz, S. 93).

[337] Kolberg / Kołobrzeg, Ostseebad in Polen.

[338] Die Zerstörung Dresdens erfolgt vom 13. bis 15. Februar 1945. Heutige Forschungen gehen von 22.700 bis 25.000 Opfern aus. Die Zahl von 180.000 Toten geht auf die ersten Zeitungsmeldungen zurück.

[339] Hohmann, Das Ende des Zweiten Weltkrieges im Raum Paderborn, S. 340, nennt die Zahl von 30 Toten nach dem Angriff am 23. Februar 1945 auf Paderborn.

[340] Zum Angriff am 10. März 1945 auf Paderborn: Hohmann, Das Ende des Zweiten Weltkrieges im Raum Paderborn, S. 340.

nicht, es wieder zu kriegen. Wir haben uns schon daran gewöhnt. Morgens 6 Uhr ist es hell und abends gehen wir 8 bis ½ 9 Uhr ins Bett. Wir leben jetzt wieder wie früher bei einer Karbidlampe. Alarm wird wieder mit dem Horn geblasen wie 1940. Unsere haben gestern auf dem Brunnen eine Pumpverrichtung gemacht, jetzt haben wir wenigstens selber Wasser. Viele Leute müssen sich mit Kochen behelfen, die nur auf elektrisch eingestellt waren. Die Lage wird immer kritischer.

Die Zuteilungsrationen sind gekürzt. Alles weniger. Und dann noch nicht mal zu haben, wegen Transportschwierigkeiten und auch weil es ja nicht da ist. Köln ist weg, in Essen und Dortmund schießen sie mit der Artillerie schon rein. So wird wenigstens gesagt, man hört jetzt kein Radio mehr. Wir haben Strom, dürfen aber nichts gebrauchen, der Zählerstand ist aufgeschrieben, wer Strom gebraucht, wird mit dem Tode bestraft. So schlimm wird es ja sicher nicht, aber 500 Mk Strafe hat Steinmetz schon bezahlen müssen.

Josef hat von Bunzlau[341] geschrieben vom 16. Febr. Willi noch nicht wieder, aber Strunz Jupp schrieb vom 18.2. von Saarburg.

Im Osten steht der Russe bei Stettin. Pommern ist sozusagen weg, die Ostsee erreicht. Jeden Tag ist es arg mit den Fliegern. 2 mal Vollalarm mit dem Horn. Gütersloh ist am Mittwoch angegriffen[342]. Geseke vor 8 Tagen (Bahnhof)[343]. Wir gehen auch jetzt in den Keller. Wir haben auch allerlei in Sicherheit gebracht, an Wäsche u. Porzellan.

Sonntag, den 25. März 1945

Jetzt kann es sich nur mehr um einige Tage handeln. Der Feind ist überall über dem Rhein. Oben bei Wesel und unten bei Mainz. Mit 4 Armeen greift er an. Die Bombardirerei ist furchtbar in letzter Zeit. In den letzten 8. Tagen sind wiederholt Bomben in Paderborn gefallen.[344] Am

---

[341] Bunzlau/Bolesławiec, Stadt in Niederschlesien.
[342] Der Angriff auf Gütersloh am 14. März 1945 war der schwerste (Herrmann, Bahnhof Gütersloh vor 75 Jahren, S. 14).
[343] Der Angriff auf Geseke erfolgte am späten Nachmittag des 12. März 1945 und forderte viele Menschenleben (Grothmann, Die Stadt in der Weimarer und in der nationalsozialistischen Zeit, S. 474).
[344] Zu den Angriffen auf Paderborn am 22. und 24. März 1945: Hohmann, Das Ende des Zweiten Weltkrieges im Raum Paderborn, S. 340-342.

März 1945

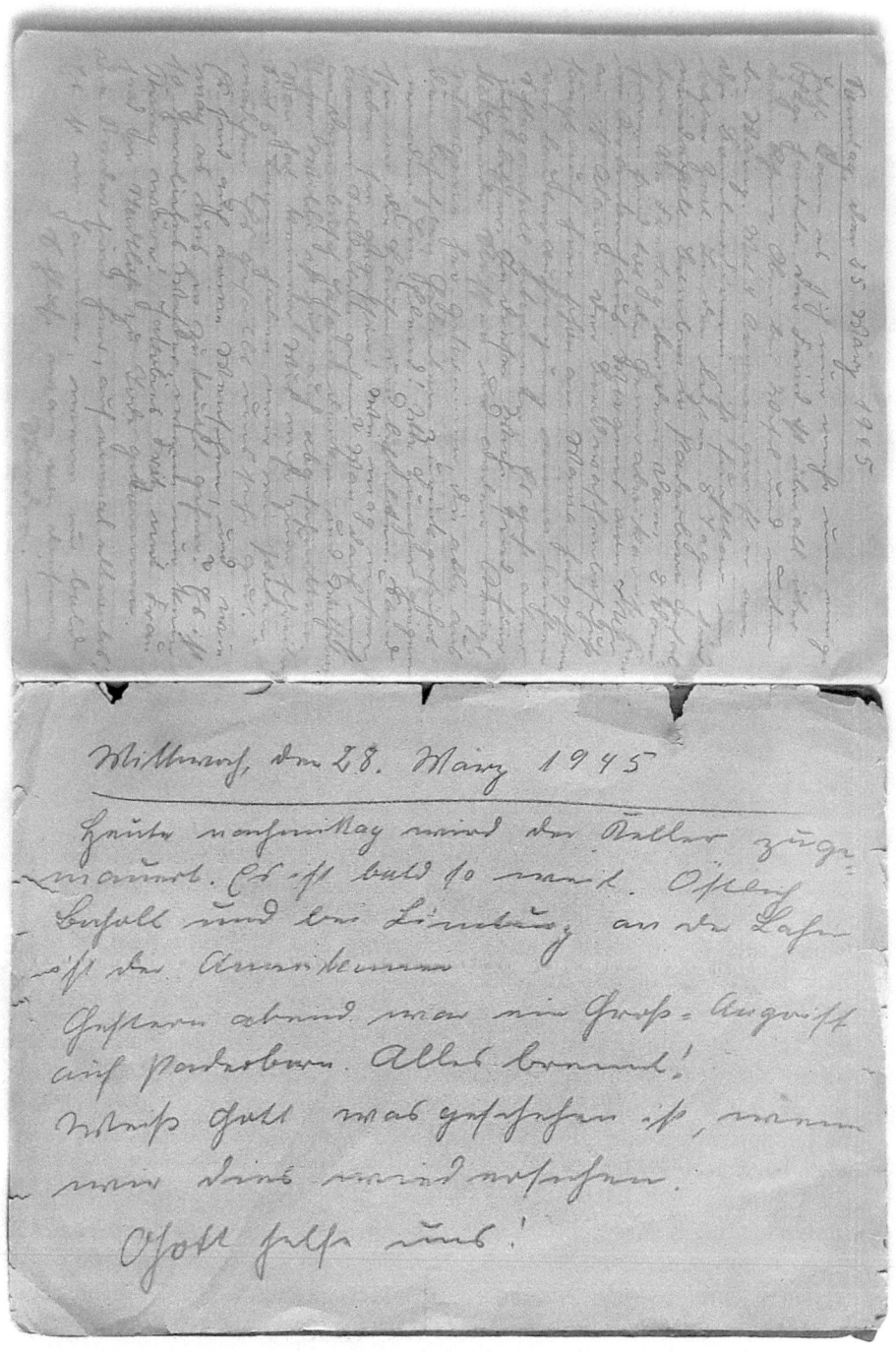

Abb. 34: Tagebucheintrag vom 28. März 1945 – Angriff auf Paderborn.

2. Tagebuch vom 2. Januar 1944 – 28. März 1945

Freitag bei dem Dom. 2 Domherren sind tot[345], der Generalvikar[346] ist hier im Krankenhaus. Morgens von 7 Uhr an ist Alarm. Der Bordwaffenbeschuss fängt auch hier schon an. Mama hat gestern vor lauter Aufregung einen leichten Schlaganfall bekommen. Es geht aber jetzt besser. In dieser Woche sind hier laufende Russen und andere Kriegsgefangene hergekommen, die alle aus den besetzten Gebieten zurück geführt werden. Ein Elend! Vor Hunger gingen sie in die Häuser und bettelten. Sand haben sie gesessen! Wie mag [es] unsern eigenen Soldaten gehen? Man darf nicht an Depenbusch Johann denken und Wilhelm. Unser Willi ist jetzt auch abgeschnitten. Man hat keinen Mut mehr zum schreiben. Seit 8 Tagen haben wir ein Polenmädchen. Es gefällt uns sehr gut. Es sind auch arme Menschen, und wie mag es uns in Zukunft gehen? Es ist so herrliches Wetter, wenn nur kein Krieg wäre! Jakobies Fritz und Frau sind in Stadtlohn zu Tode gekommen[347]. Die Kinder sind hier auf einmal elternlos. Es ist ein Jammer, wenn nur bald Schluss wäre von diesem Morden!

---

[345] Domkapitular Dr. theol. Christoph Völker, geb. Faulungen / Südeichsfeld 31. Mai 1890, gest. 24. März 1945, und Dompfarrer Domkapitular Prälat Ferdinand Gabriel, geb. Eslohe 16. Oktober 1866, gest. 24. März 1945.

[346] Domkapitular Dr. Friedrich Rintelen (1899-1988) war von 1941 bis 1951 Generalvikar des Erzbischofs von Paderborn. Dieser war laut eigener Darstellung jedoch gesund und hielt sich in Paderborn, Dörenhagen, Kleinenberg und Iggenhausen auf (Rintelen, Erinnerungen ohne Tagebuch, S. 134-143). Die Tagebuchschreiberin könnte Rintelens Amtsvorgänger Domkapitular Caspar Gierse (1872-1953) meinen, der von 1930 bis 1941 das Amt des Generalvikars innehatte und dessen Kurie am Domplatz durch den Bombenangriff am 17. Januar 1945 zerstört wurde (Rintelen, Paderborn 1945, S. 748).

[347] „Der Palmsonntag dieses Jahres war ein herrlicher Frühlingstag, er wurde plötzlich verdunkelt durch die Nachricht vom Tode eines uns befreundeten Ehepaares bei einem Bombenangriff auf Stadtlohn, es war wie ein Schock, der uns alle tief betroffen machte." (Klocke, Kindheit unterm Hakenkreuz, S. 94). Der Bahnarbeiter Fritz Jakobi, geb. 25. Oktober 1902, und seine Frau Maria, geb. Strunz, geb. 30. Januar 1903, starben am 21. März 1945 in Stadtlohn durch einen Bombenangriff und wurden am 13. September 1945 in Delbrück begraben. Sie hinterließen zwei Kinder (KB Delbrück, Bd. 26, S. 240, Nr. 66 und 67).

Mittwoch, den 28. März 1945 [348]

Heute nachmittag wird der Keller zugemauert. Es ist bald so weit. Östlich Bocholt und bei Limburg an der Lahn ist der Amerikaner.
Gestern abend war ein Groß-Angriff auf Paderborn [349]. Alles brennt! Weiß Gott was geschehen ist, wenn wir dies wiedersehen.

Gott helfe uns! [350]

---

[348] Mit dem Eintrag vom 25. März 1945 war das zweite Heft vollgeschrieben. Anscheinend hatte die Tagebuchschreiberin kein neues Heft zur Hand, das sie hätte beginnen können. Deswegen riss sie kurzerhand irgendwo eine Seite heraus und legte sie in das vollgeschriebene Heft hinein, um den Eintrag vom 28. März 1945 notieren zu können, der ihre große Angst und zugleich optisch die bevorstehende Zäsur spiegelt.

[349] Zum Angriff auf Paderborn am 27. März 1945: Hohmann, Das Ende des Zweiten Weltkrieges im Raum Paderborn, S. 346-348; zu den Großangriffen 1944/45 und zur Einnahme Paderborns durch amerikanische Truppen: Grevelhörster, Von Weltkrieg zu Weltkrieg, S. 162-253, hier: S. 250-251.

[350] Dieser letzte Satz ist im Original deutlich größer geschrieben, s. Abb. 34.

Abb. 35: Blick von der Liboristraße nach Norden, rechts Trümmer der Bonifatius-Druckerei, links Hotel Löffelmann am Kamp, darüber Giebel des Rathauses, Paderborn 1945.

Abb. 36: Blick über den Marienplatz nach Osten zum Rathaus, Paderborn 1946.

3. Tagebuch vom 15. April 1945 – 10. Mai 1945

Hausheft Dorothea Hartmann[351]
Klasse IIII

1945

2. Sonntag nach Ostern, den 15. April 1945

Morgen sind es 14 Tage, daß wir amerikanische Besatzung haben. Es war eine spannende, schreckliche Zeit. Schon die Tage vorher war es furchtbar. In der Passionswoche war ein Großangriff auf Paderborn. Von Paderborn steht nichts mehr. Tausende Tote sollen es sein. In den ersten Tagen der Karwoche war in der Umgegend viel Bordwaffenbeschuß und sonstige Feindtätigkeit. Am Mittwochabend um 6 Uhr fing der Jesuitenpater[352] die Fastenpredigten an. Er sagte u.a. „Auch für uns kommt einmal die Karfreitagsstunde, ob heute, ob morgen, oder in 8 Tagen, man weiß es nicht. Ob Ostern dieses Gotteshaus noch steht?" Es war fast immer Alarm, und dann noch behelfsmäßig mit dem Horn, weil das Elektrizitätswerk in Paderborn beim Angriff zerstört war. Tag für Tag zogen russische, französische und noch andere Kriegsgefangene durch[353]. Sie kamen aus den Industriegebieten zurück in große La-

---

[351] Für das dritte Tagebuch benutzt Agnes Hartmann ein Schulheft ihrer Nichte Dorothea (genannt Thea) Hartmann.
[352] „[...] P. Diederich, der in der Karwoche hier war u. noch 14 Tage länger, weil er noch nicht weiter reisen konnte" (Pfarrchronik Delbrück, S. 56).
[353] „Fast täglich zogen durch unsere Stadt auch Kolonnen halbverhungerter, russischer Gefangener in ihren klappernden Holzpantinen auf dem Weg ins Stalag in Eselsheide zwischen Stukenbrock und Hövelhof. Wir durften sie weder ansehen noch gar ihnen etwas zu essen zustecken." (Klocke, Kindheit unterm Hakenkreuz, S. 93).

3. Tagebuch vom 15. April 1945 – 10. Mai 1945

ger nach Hövelriege und noch weiter. Viele konnten nicht mehr laufen, hungernd schleppten sie sich weiter. Sie kamen an die Häuser um ein bißchen Brot. Sie aßen Sand, wenn sie nichts anderes hatten. Einige Wachtposten waren menschlich und duldeten es, wenn die Bevölkerung Brot an ihnen verteilte. Einige dagegen haben sich brutal benommen, was wir nach 8 Tagen auch verschiedentlich wieder bekamen. Sie haben die Russen, die sich erbärmlich weiterschleppten, mit alten Lappen an den Füßen, mit Stöcken geschlagen und besonders noch, wenn sie Brot von den Leuten annahmen. Am Donnerstag kamen dann unsere Soldaten abgekämpft hierdurch gehetzt, zu Fuß, auf Wagen, auf Lastwagen, mehrere hintereinander gebunden, weil eben kein Treibstoff da ist. Es war ein trauriges Bild. Dazwischen noch flüchtende Menschen, Zivilisten, die von Paderborn ihre wenigen Habseligkeiten nach hier in Sicherheit brachten und ebensolche aus dem Westen, die Flucht nahmen vor der Front. Und dieses alles setzte morgens gegen 7 Uhr ein und dann ging es den ganzen Tag, bis es dunkel wurde und so am Donnerstag, Freitag, Samstag und Ostersonntag. Das waren für uns richtige Kartage. Die Kirche war fast leer, denn jeden Augenblick konnte es geschehen. Die Front war überraschend schnell vorgestoßen, nachdem am 23. März erst der Rhein auf mehreren Stellen überschritten wurde. Es ging so schnell, daß man, wenn man einen Tag es nicht mehr verfolgt hatte, platt wurde, wenn man dann mal den Wehrmachtsbericht hörte. Bei Wesel stieß eine Spitze über Dülmen unter Münster her, und im Süden von Remagen her eine Spitze auf Limburg, Marburg, Kassel zu.

In der Nacht zum Freitag, Karfreitag, um 2-3 Uhr, wurden verschiedene Männer aus den Betten geholt, als Volkssturm.[354] Sie mußten Wache stehen bei den Panzersperren, die schon einige Tage von den hier liegenden Soldaten bewacht wurden. Die ganzen Nachbarn wurden geweckt, der Amerikaner sollte vor Büren und Geseke stehen[355]. Um ½ 7

---

[354] „In der Nacht von Gründ. auf Karfr. wurde gemeldet, daß die Feinde nicht mehr weit seien. Darum haben viele Pfarrkinder aus Delbrück in der Nacht Betten etc. gepackt u. aufs Land zu Bekannten u. Verwandten gebracht" (Pfarrchronik Delbrück, S. 55).

[355] „In der Nacht zum Karfreitag wurden wir mit den Worten eines Nachbarn geweckt: ,Die Amerikaner stehen schon vor Paderborn und Wiedenbrück.' Überall setzte Hektik ein, […]." (Klocke, Kindheit unterm Hakenkreuz, S. 95). Tatsächlich rückten amerikanische Kampftruppen erst am Ostermorgen (1. April) 1945, morgens gegen 6.00 bis 7.00 Uhr, aus Richtung Salzkotten, Tudorf und Steinhausen kommend, in Geseke ein (Budde, Wie Geseke den Krieg und das Ende am 1. April 1945

April 1945

Abb. 37: Delbrücker Amtsgebäude und Blick in die Lange Straße bis zur Kirche, um 1900.

haben wir alles fertig gemacht, die Kinder aus den Betten geholt und angezogen für alle Fälle. Den ganzen Tag war man in ungeheurer Spannung. Die Karfreitagsprozession war um ½ 8 Uhr, aber nur so groß wie eine kleine Beerdigung[356]. Um 9 Uhr war die zerstörte Messe[357], es waren nur so wenig Leute da, wie des Sonntags in der Andacht.[358] Viele Gerüchte liefen umher. Manches aus der Luft geschnappt. So riefen uns manche telefonisch an, ob keiner mehr rein käme u. dergleichen.

---

erlebte, S. 103; Grothmann, Die Stadt in der Weimarer und in der nationalsozialistischen Zeit, S. 476).

[356] „Die Kreuztracht, die seit einigen Jahren schon auf Anordnung der Nazis nur rund um die Kirche hatte führen dürfen, fiel aus." (Klocke, Kindheit unterm Hakenkreuz, S. 95).

[357] Mit dem Ausdruck „zerstörte Messe" ist die Karfreitagsliturgie gemeint, in der traditionell keine Eucharistie gefeiert wird.

[358] „Mehrere glaubten, es wäre keine Karfreitagsfeier oder aus Sorge wegen der heranrückenden Feinde blieben sie zu Haus oder kehrten wieder um. Weil auch wenig Fremde erschienen waren, war die Kirche nicht ganz besetzt. Der Gottesdienst wurde wie früher gehalten u. die Predigt war in der Kirche u. Prozession um die Kirche" (Pfarrchronik Delbrück, S. 55).

3. Tagebuch vom 15. April 1945 – 10. Mai 1945

Des Abends während der 6 Uhr Andacht wurde feste mit Bordwaffen geschossen[359]. Ein Panzerwagen hatte vor Neukirchs Haus[360], Nordhagen, gestanden, die Mannschaft in der Sonne liegend, den Wagen hatten sie in Brand geschossen. Man befürchtete den Brand des Hauses. Die Feuerwehr wurde alarmiert. Es ging doch gut. So verging der Karfreitag. Die Nacht haben die Kinder noch ruhig im Bett geschlafen, wir Großen haben zeitweise gewacht und so kam der Karsamstag. Wenn wir am Freitag den Feind von Büren her erwarteten, mußten wir ihn jetzt von Lippstadt her entgegen sehen. Von Büren war die Front östlich Paderborn gezogen. Scharmede stand des Abends in Flammen[361]. Man konnte genau die Front verfolgen, ab und zu sah man ein Feuer. Des Abends war die Front auch in Warburg. Man lebt in der ständigen Angst, daß die berüchtigten Panzersperren doch zugerollt würden.[362] Der Henze[363], weiß Gott, wo er ist, hatte dann mal gesagt „Delbrück

---

[359] „Am späten Nachmittag gingen wir, wie üblich zur Passionsandacht. Während der ergreifenden Predigt des Jesuitenpaters, der über den Bombentod eines ihm befreundeten Delbrücker Priesters in Dortmund berichtete, gab es Vollalarm. Sofort mußte das Gotteshaus verlassen werden. Es gab ein hektisches Gemurmel und Gedränge. Alle wollten so schnell wie möglich hinaus. Zwei Tiefflieger umkreisten den Kirchturm und schossen, verfehlten aber zum Glück ihr Ziel." (Klocke, Kindheit unterm Hakenkreuz, S. 95). „Karfr. mußte abends 6 Uhr wegen Vollalarm die Kirche geräumt werden. Es war der letzte Alarm" (Pfarrchronik Delbrück, S. 55). Der befreundete Delbrücker Priester war Pfarrer Johannes Stephan Meiwes genannt Sünning, geb. 21. Januar 1892 in Nordhagen, am 10. März 1945, 14.10 Uhr, nach einem Bombenangriff in Dortmund-Hombruch verblutet und am 17. März 1945 in Delbrück begraben. (KB Delbrück, Bd. 26, S. 239, Nr. 17).

[360] Die heutige Adresse lautet Rietberger Straße 62, 33129 Delbrück.

[361] Am Ostertag, 1. April 1945, kam es am frühen Abend durch Angriffe einer Gruppe Soldaten der Waffen-SS in Scharmede zu einem nur kurz unterbrochenen stundenlangen Gefecht mit den aus Richtung Thüle anrückenden amerikanischen Soldaten. Dabei gingen die sechs großen Bauernhöfe Schulte Alpmann, Nä, Eikel, Werning und Koch in Flammen auf und brannten vollständig ab, außerdem die Scheunen der Höfe Pötting und Temme. Das 15jährige Landjahrmädchen Anneliese Wilmes aus Dortmund wurde auf dem Weg zu einem Luftschutzkeller an der Hauptstraße tödlich getroffen, der 35jährige geistig behinderte Josef Tembories ist seit jedem Tag verschwunden (Grabe, „Beschleunigter Wandel" – Scharmede 1945-1974, S. 126-128).

[362] „Wegen der 2 Panzersperren, welche die Feinde aufhalten sollten, was ganz unmöglich war, herrschte in Delbrück mit Recht eine große Aufregung" (Pfarrchronik Delbrück, S. 55).

[363] Der stellvertretende Ortgruppenführer Heinrich Henze (vgl. Anm. [285]).

wird verteidigt bis zum Letzten"[364]. Karfreitag morgen hatten wir Wagen und Pferd bereit stehen, um, wenn es an der Zeit war, los zu fahren nach Sudhagen[365]. Auf einmal hieß [es], dass die Front diesseits Lippstadt sei, haben wir den Entschluß gefaßt, hier zu bleiben, mag kommen, was will. Die Soldaten sagten, die Sperre würde nicht zugemacht, das hätte überall so gegangen, in der Aufregung käme keiner mehr dazu. Da waren wir beruhigt. Für etwaigen Artl. Beschuß wollten wir dann in den Keller gehe. Alles wurde in den Keller geschafft. Von der ganzen Nachbarschaft hatten wir irgendwas zum Aufbewahren, irgendwas Wertvolles. So ging der Karsamstag auch vorbei mit zeitweises Arbeiten, zeitweises Kellersitzen, und zwischendurch immer das Durchziehen, manchmal Durchlaufen flüchtender Truppen, ja Kinder. Die Osternacht verbrachten wir wie die vergangene. Die Männer hielten Wache. Am Abend vorher war die Front bei Paderborn[366] auf Neuhaus, welches sich unter der Leitung des Obersten Lippert[367], zum Schaden der Neuhäuser, denn der Amerikaner ist doch gekommen, wo er hin wollte, bis Mittwoch morgen verteidigt hat, zu gezogen[368]. Eine Spitze

---

[364] „Delbrück sollte verteidigt werden, und kein Mann durfte die Stadt verlassen." (Klocke, Kindheit unterm Hakenkreuz, S. 97).

[365] Es „strömten die Einwohner scharenweise mit Kind und Kegel, Ziegen und Kühen hinaus in nördlicher Richtung, um dem Kessel und einer eventuellen Verteidigung der Stadt zu entgehen." (Klocke, Kindheit unterm Hakenkreuz, S. 95). „Ostersonntag. Einzug der Amerikaner. Wir gehen mit Kinderwagen zu einem Hof ½ Stunden entfernt; schlafen auf dem Fußboden. [...] Ostermontag. Um ~ 11^h zurück nach Delbrück: Weiße Fahnen! Ein amerikanischer Soldat kommt als wir ~16^h in der Küche sitzen und Streusselkuchen essen" (Bock, Paderborner Tagebuch, S. 284 zum 1. und 2. April 1945 in Delbrück).

[366] „Am 1. April 1945 fiel Paderborn um 11 Uhr vormittags, nachdem in einem letzten konzentrierten Sturmangriff Kampftruppen der 3. US-Panzerdivision aus südwestlicher, südlicher und südöstlicher Richtung in die Stadt eingedrungen waren. Teile der 1. US-Infanterie-Division sicherten das Gebiet südöstlich von Paderborn und blockierten alle wichtigen Ausfallstraßen" (Mues, Der Kreis Lippstadt als Kampfgebiet, S. 138).

[367] „Beim Einmarsch der Amerikaner fuhr Generalmajor Lippert, Kommandeur der 5. Panzer-Division, der eine Verwundung auskurierte, mit dem Fahrrad zum Detmolder Tor, um sich über die Lage zu orientieren. Von unvermutet auftauchenden Amerikanern wurde er tödtlich verwundet." (Hohmann, Das Ende des Zweiten Weltkrieges im Raum Paderborn, S. 387, zum 1. April 1945).

[368] „Die Kampfgruppen A, B und R der Division [8. US-Panzerdivision des XVI. Korps der 9. Armee] erreichten [am 2. April 1945, d. B.] Sennelager und Schloß Neuhaus, wo sie auf deutschen Widerstand stießen" (Mues, Der Kreis Lippstadt

ging weiter durch die Senne, Detmold auf Bielefeld zu. Die Westfront war nun seitlich Lippstadt bei Mastholte. Wiedenbrück und Rietberg war schon Tage vorher vom Feind berührt. Ostermorgen war 5 Uhr die Auferstehungsmesse. Viele Leute gingen schon nicht mehr in die Kirche vor Angst vor den kommenden Dingen. Um 9 Uhr war das Levitenamt. Als der Pastor anfangen wollte mit der Predigt, kommt jemand in die Kirche und flüstert es einigen zu „Der Amerikaner ist in Westenholz[369]." So geht es von Mund zu Mund, da alles raus aus der Kirche. Aber wie so oft, es war noch nicht so schlimm. Alle Augenblicke kamen Anrufe, sie wollten wissen, wie die Lage in Delbrück war. Die ganzen Tage über hörte man kein Bombardieren und kein Schießen, nur ganz vereinzelt sind einige Sprengungen, die unsere vorgenommen haben. So ging der Ostersonntag an, den wir nie vergessen werden. Alle Betten wurden in den Keller geschafft, alles Wertvolle an Kleidung und Nahrung in Sicherheit gebracht. Man lebte ja in der Ungewißheit, wird Delbrück beschossen oder gar bombardiert? Es war furchtbar! Wir haben fast den ganzen Tag im Keller zugebracht. (Das Mittagessen hatten wir um 3 Uhr schließlich fertig). Dann hieß es, in einer Stunde sind sie da, dann wieder, es kann noch bis morgen dauern. Wir haben den Ame-

---

als Kampfgebiet, S. 143).

[369] „Am 1.4. auf Ostern 1945, kamen die ersten amerikanischen Panzer von Richtung Beckum Benteler über die Strasse Mastholte – Westenholz nach Westenholz. Bei der Ziegelei stiessen sie mit deutschen Truppen zusammen. Hierbei entwickelten sich heftige Kämpfe, die bis zum Abend andauerten. Auf dem Boden der Gemeinde Westenholz fielen hierbei 6 deutsche Soldaten. Hierbei brannte das Gehöft des Bauern Hermann Lohrmeier und des Bauern Franz Brunnert-Grewing Nr. 12, sowie das Heuerlingshaus des Bauern Mertensmeier Nr. 11, worin die Kriegersfrau Jodokus Rübbelke mit 5 Kindern wohnte, total ab. Bei dem Landwirt Anton Rübbelke wurde die Stallung zusammen geschossen, sowie das Wohnhaus beschädigt. Bei Rübbelke hat wohl die stärkste Beschießung stattgefunden. Hier wurden durch die amerikanische Artillerie, die beim Flugplatz Lippstadt aufgefahren war, 4 schwere deutsche Panzer bewegungsunfähig geschossen. Das Feuer wurde durch einen Aufklärer, der hier den ganzen Nachmittag über kreiste, geleitet. Bei der Molkerei machten die Amerikaner dann die Nacht über halt. Am anderen Morgen fuhren sie dann weiter in Richtung Delbrück. Der Rest unserer Soldaten war aber schon abgerückt, so daß sich keine weiteren Kämpfe entwickelten. Der Ruhrkessel war somit hier geschlossen. Am Ostermontag und Dienstag fuhren bei Tag und Nacht Panzer an Panzer und Fahrzeug an Fahrzeug der Amerikaner von Mastholte kommend durch Westenholz in Richtung Delbrück. Unter den amer. Soldaten waren auch viele Neger." (Chronik der Gemeinde Westenholz). Frdl. Mitteilung von Franz Sandmeyer, Westenholz.

rikaner richtig herbei gesehnt, um es überstanden zu haben. An diesem Tag war es noch schlimmer mit den deutschen Soldaten wie am Tage vorher. Alle fragten, „wo kommen wir noch heraus", denn der Kessel war bald zu, nur bei Bielefeld war noch eine Lücke.

Die Pferde, holzmager, konnten die Wagen, die zu schwer bepackt waren, nicht mehr ziehen. Ein jammervoller Rückzug! Ein Oberleutnant kam zu uns in den Keller, er wollte mit der Schreibmaschine etwas geschrieben haben. Bartschers Else hat es ihm geschrieben, es waren Scheine, daß Pferde und Geschirr enteignet würden.

Man konnte sich jetzt ein Bild machen, wenn Josef und Willi früher von solchen Sachen erzählten. Und jetzt machten wir dasselbe mit hier in der Heimat.

Ein Hauptmann stand erschöpft vor unserem Hause. Ich bot ihm 1 Tasse Bohnenkaffee an. „O wenn Sie die haben" sagte er richtig dankbar.[370]

Des Nachmittags wurde das Schießen lebhafter u. näher. Die Rietbergerstr. lag unter Beschuß. Ins Amt sind auch Geschoße geflogen, da kam die ganze Kluthen-Familie[371] bei uns in den Keller. Es waren bei uns 1. unsere 5 Kinder[372], Liesbeth ihre 5[373], Georg seine 4[374], Lieschens 3[375], Diedrichsmeier 4[376], unsere Evakuierten 3, von der Nachbarschaft

---

[370] Die Szene mit dem Hauptmann trug die Tagebuchschreiberin am Ende der Seite nach, ohne zu kennzeichnen, an welcher Stelle des ansonsten fortlaufenden Textes sie eingeschoben sein sollte.

[371] Die Familie des Amtsbürgermeisters Franz Kluthe, geb. Paderborn 17. Juli 1889, gest. Münster 1. Oktober 1957 (Wieners / Kluthe / Kretschmann, Zeitzeuge des 20. Jahrhundert. Amtsbürgermeister Franz Kluthe – Wegbereiter durch schwere Zeiten).

[372] Gemeint sind die fünf Kinder von Johannes Hartmann, dem Bruder der Tagebuchschreiberin: Dorothea (genannt Thea) (1931-1963), Cäcilia (genannt Cilli) (geb. 1934), Theodor (genannt Theo) (1935-1985), Franz (genannt Fränzchen) (1936-1998), Wilhelm (1941-2012).

[373] Gemeint sind die fünf Kinder von Elisabeth (geb. Liesbeth) Depenbusch, geb. Hartmann, der Schwester der Tagebuchschreiberin: Gertrud, (geb. 1930), Heinz (geb. 1931), Hans (geb. 1934), Ferdinand (geb. 1935) und Norbert (geb. 1942).

[374] Gemeint sind die vier Kinder von Georg Hartmann, dem Bruder der Tagebuchschreiberin: Hans (1935-2019), Ursula (geb. 1937), Franz Josef (geb. 1938) und Reinhold (geb. 1942).

[375] Gemeint sind die drei Kinder der in Hamm ausgebombten Elisabeth (gen. Lieschen) Bußmann, geb. Happe, einer Schwester der Frau von Georg Hartmann, dem Bruder der Tagebuchschreiberin (s. Anm. [17]).

[376] Gemeint sind die vier Geschwister Elisabeth (geb. 1933), Rita (geb. 1935), Hans

3. Tagebuch vom 15. April 1945 – 10. Mai 1945

Abb. 38: Amtsbürgermeister Franz Kluthe, Liesel Kluthe, geb. Krukenmeier mit Sohn Arne.

noch 3-4 und dann noch die vielen Erwachsenen. Gegen 4 oder 5 Uhr hat ein deutscher Soldat beim Tetbusch[377] einen amerikanischen Panzer abgeschossen und die dafür Heimanns Haus in Brand geschossen[378]. Es ist leider ganz dazu gegangen.

Da zog der Feind sich zurück und wartete weiter[379]. Diese Nacht gingen wir nicht ins Bett, die Kinder haben alle im Keller geschlafen. Es war nach 6 Uhr, [da] kamen die Soldaten von der Panzersperre und sagten „wir rücken ab und die Sperre bleibt offen". Was wir aufatmeten (wir gaben ihnen noch Zigaretten), aber es dauerte nicht lange, es war eben dunkel geworden, gegen 7 Uhr kamen einige zurück und machten sie

---

(geb. 1938) und Margot Diedrichsmeier (geb. 1943).

[377] Auch Tegetbusch genannt, zwischen der Rietberger Straße und dem Lerchenweg.

[378] „Am 1. Ostertag [1945] kamen nachm. die Amerikaner von Rietberg-Nordhagen her. Der Ortsgruppenleiter wollte sie mit einigen jungen Soldaten von auswärts im Wäldchen bei Rump-Heimann aufhalten, weshalb von beiden Seiten geschossen wurde. Zum Glück ist kein Menschenleben zu beklagen, aber das Haus von Heimann ist ganz abgebrannt. Dieses Haus ist bald wieder neu u. schöner errichtet u. zwar bes. mit Caritasgeldern, welche ich dem Amtsbürgermeister übergeben habe" (Pfarrchronik Delbrück, S. 55-56).

[379] „Plötzlich hörten wir Schüsse, amerikanische Pioniere hatten ein Haus vor der Stadt in Brand gesetzt, da sie die Panzersperren verschlossen fanden. Sie zogen sich dann zunächst zurück." (Klocke, Kindheit unterm Hakenkreuz, S. 96).

April 1945

Abb. 39: Lazarett im Pfarrheim Delbrück, 1944.

auf höheren Befehl zu. Diese Sperre funktionierte nicht (weil die Nachbarn sehr lange Nägel hineingeschlagen hatten), sie wurde nur halb zu gemacht, aber die auf der Oststraße war ganz zu. Wenn man die ganzen Tage noch die Nerven behielt, jetzt hätte man sie bald verloren. Wenn man die Kinder im Keller friedlich schlummern sah und die nächsten dunklen Stunden vor sich sah, kam einem das Heulen. Wie ein Ertrinkender klammerte [man] sich an ein Strohälmchen. Wenn jemand kam und wußte was zu erzählen, was einem beruhigte, dann war man glücklich trotz der andern Not. Da hieß es, die Sperren werden offen gemacht von den Nachbarn. Es waren nicht viel Männer mehr da in Delbrück. Von der Oststr. rief man nach hier an, auch sie wollten Hilfe von uns.

Es war ein schweres Stück Arbeit. Es war gegen 10 Uhr, da kamen alle 4 Geistlichen[380] an und wollten Rat holen, man könnte Delbr. viel-

---

[380] Pfarrer Johannes Wellen, geb. 14. Oktber 1879 in Büren-Keddinghausen, Priesterweihe am 14. April 1905, gest. 5. August 1964 in Delbrück, eingeführt als Pfarrer von Delbrück am 30. August 1934; Vikar Rudolf Padberg (s. Anm. [33]); Vikar Hans Störmann (s. Anm. [113]); P. Diederich SJ (s. Anm. [352]). Vikar Störmann verfasste für

3. Tagebuch vom 15. April 1945 – 10. Mai 1945

leicht noch retten. Ich sagte ihnen, daß man schon an der Arbeit wäre. Um 10 Uhr kam einer rein „diese Sperre ist offen".[381] Die untere war schwieriger. Dort standen noch 4 Mann Wache. Die Delbrücker haben so lange gemeutert, bis sie ½ 12 abzogen.[382] Sie mußten als letzte die Kanalbrücke auf der Anreppenerstr. sprengen. Da war das Signal, da konnte es los gehen. Um 2 Uhr war auch die Sperre offen, nun konnte man befriedigt aufatmen.

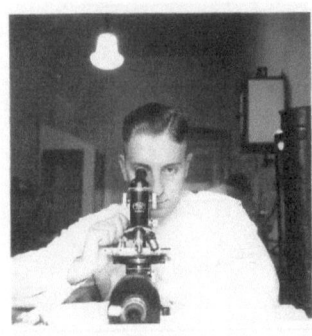

Abb. 40: Dr. Werner Moll

Um 5 Uhr hingen schon die erste weißen Fahnen, es folgten immer mehr, auch am Kirchturm, denn schon seit 4 Uhr hörte man entferntes Panzerrollen. Durch einen telf. Anruf erfuhr man, daß die Panzer beim Schildkrug[383] nach Westerloh abgeschwenkt hatten. Dort hatten sie sich fest gemacht, um Delbr. zu beschießen. Jeden Moment konnte er auch hier sein. Dr. Moll[384], der Stabsarzt aus dem Lazarett, war mit einigen Sanitätern bis Westerloh gefahren, mit der weißen Fahne, um Delbrück zu übergeben. Man hat ihm nicht getraut und ihn erst als Gefangenen mitgenommen. Auf sein Verlangen, einem Arzt vorgestellt zu werden, hat man ihn schließlich laufen lassen, durch die Vennwiesen und das Heitfeld ist er hier wieder angekommen. - Dieses war alles nicht nö-

---

die Chronik der Stadt Delbrück einen Bericht über „die Tage der Einnahme Delbrücks" (Kretschmann / Rade / Wieners, Chronik der Stadt Delbrück, S. 107-108).

[381] „Abends nach 10 Uhr waren die beiden Panzersperren noch geschlossen. Mit den Vikaren u. dem Jesuitenpater habe ich noch Leute angetrieben, sie zu öffnen, was auch geschehen ist" (Pfarrchronik Delbrück, S. 56). Bei der Öffnung der Panzersperre half auch der Schmiedemeister Johannes Hartmann, der Bruder der Tagebuchschreiberin, der zudem schweres Gerät zur Verfügung stellte (Kretschmann / Rade / Wieners, Chronik der Stadt Delbrück, S. 109).

[382] „Beherzte Männer, unter ihnen auch mein Vater, öffneten unter Lebensgefahr, gegen den Widerstand der SS-Leute die Panzersperren." (Klocke, Kindheit unterm Hakenkreuz, S. 97).

[383] Die heutige Anschrift lautet Rietberger Straße 133, 33129 Delbrück.

[384] Er wohnte seit November 1943 mit seiner Familie im Pfarrhaus (Pfarrchronik Delbrück, S. 50) und wurde in Delbrück „Knochenmolli" genannt (Wessels, Jugend in den fünfziger und sechziger Jahren, S. 7). S. Anm. [253].

tig, denn es war gegen 8 Uhr, [da] kamen 4-5 kleine Spähwagen an u. hielten vor dem Amt.[385] Die Leute liefen viel hin hier von der Nachbarschaft, eben „Guten Tag" sagen. Die anderen standen alle vor den Türen. Ich holte die Kinder aus dem Keller um, daß sie diesen Anblick erleben sollten, sie werden es behalten für ihr Leben. Dann hieß es, rein in die Häuser. Dann fuhren sie langsam durch, die Augen auf die Häuser gerichtet, das Maschinengewehr bereit.

Es war doch traurig, wenn man es bedachte: jetzt ist er im Land, aber wir waren froh, daß wir Haus und Leben noch besaßen. Dann kam das erste, mittags von 12-1 Uhr nur Ausgang. Dann ging es los, Wagen an Wagen, Panzer an Panzer, 3 Tage u. 2 Nächte lang.[386] Zirka 4 Divisionen sollen durch gekommen sein. Und was für ein Material an Wagen und Menschen. Alles in den besten Jahren, keinen unter 20, keinen über 40-45 Jahren. Die Kinder sahen es sogar ein. Was machten unsere armen Truppen dafürgegen einen Eindruck. Wir haben noch so etwas von Ostern gehabt, einige Stunden dann ging es wieder los. So viele mußten räumen innerhalb von 15 Min. Depenbusch waren auch dabei. Sie sind alle nach uns gezogen. Man hat das Nötigste mit gegriffen an Kleidung u. Essen. Dort hat es ziemlich gut gegangen. Die Amerikaner hatten nur die Wanduhr mitgenommen. 4 Tage sind sie drin geblieben. Georg kam am Dienstag auch zu uns, mußte auch heraus. Dem haben sie das Radio mitgenommen und sonst noch was, für 300 Mk, rechnet er. Stellenweise haben sie sehr viel mitgenommen und zerstört, stellenweise sehr anständig gewesen. Es ist genau wie bei unseren Truppen auch im Feindesland. Damals in dem Siegestaumel sind sie mitunter sehr brutal vorgegangen, haben Gut u. Leben der Leute nicht geschont. Am 3. oder 4. Tag war der Ausgang von 11–1, dann von 10-1. Das ging schon besser. Die Leute

---

[385] „Am Ostermontag rückten die Amerikaner gegen ½ 9 hier ein." (Pfarrchronik Delbrück, S. 56). „Am 2. April stieß die 8. US-Panzerdivision des XVI. Korps der 9. Armee nördlich der Lippe nach Osten vor und eroberte Delbrück" (Mues, Der Kreis Lippstadt als Kampfgebiet, S. 143). „Das Combat Command A hatte Delbrück ohne schwierigen Kampf eingenommen, obwohl man nach den Berichten zahlreicher russischer und polnischer Fremdarbeiter mit heftigem Widerstand gerechnet hatte. Die Vorausabteilung des Divisionsstabes gelangte mit den Kampftruppen in die Stadt, der Stab wartete, bis die Stadt gesäubert war. Deutsche Einheiten waren nur bis zu einer Ecke Delbrücks vorgestoßen." (Hohmann, Das Ende des Zweiten Weltkrieges im Raum Paderborn, S. 394).

[386] „In den ersten Tagen u. Wochen war ein Panzer- u. Autoverkehr, wie es Delbrück noch nicht gesehen hat." (Pfarrchronik Delbrück, S. 56).

konnten besser ihre Einkäufe machen. Seit den letzten 3 Tagen ist der Ausgang jetzt von 7-18 Uhr gestattet. Am Samstag konnten Georg u. Liesbeth wieder in ihre Häuser einziehen.

Am Dienstag kamen die Russen vom Stalag[387] zurück, in Waffen zogen sie frech durch die Straßen. Teilweise fanden sie Schutz beim Amerikaner, teilweise wurde scharf gegen sie gegangen. In der ersten Woche war die Russenplage entsetzlich. Sie haben in einigen Häusern, die vom Amerikaner bewohnt waren oder schon wieder leer, aber ohne den Besitzer dastanden, geplündert, was sie nur schnappen konnten. An Lebensmittel, Betten, Matratzen, Kleidungsstücke und dergl. ist ihnen ungeheuer viel in die Hände gefallen. So wie sie in dem ersten Taumel u. Hunger in Hövelhof kein Haus verschont haben und vollständig ausgeräubert haben, so haben sie auch hier einige Bauern und einige Häuser in Delbr ausgeraubt.[388] Beim Bäcker holten sie sich das erste Brot, als er tatsächlich nichts mehr hatte und alles noch durch einen Defekt am Backofen und Handbetrieb (weil kein Strom da war) schwieriger wurde, wollten sie unseren Nachbarn Austerschmidt[389] tot schlagen. Wir haben eine Leiter an den Balkon gestellt, um, daß sie sich im Notfall nach oben ins Haus retten konnten, sie ins Freie entkommen konnten. Am häßlichsten haben sich hier die russischen Zivilisten benommen, die früher auf der Möbelfabrik arbeiteten. Sie haben die neuen Häuser[390]

---

[387] Stammlager 326 (VI K) Senne, Schloß Holte-Stukenbrock. Von 1941 bis 1945 diente es zur Internierung sowjetischer Kriegsgefangener in Erdlöchern unter menschenverachtenden Bedingungen, die verständlich erscheinen lassen, warum die befreiten Gefangenen im nahen und weiten Umfeld Häuser ausplünderten. Die Zahl der im Lager, das der Wehrmacht unterstand, durch fehlende Ernährung, unterbliebene medizinische Versorgung und Misshandlungen zu Tode gekommenen Gefangenen konnte bislang nicht ermittelt werden. Seriöse Schätzungen gehen von 65000 Toten aus (Siedenhans, Das Kriegsgefangenenlager in Stukenbrock-Senne, S. 189-192). Lager-Insassen wurden auch im Delbrücker Land als Zwangsarbeiter eingesetzt (Kolek, Vergessen?. S. 33-40, 59-64).

[388] „In den ersten Wochen u. auch noch später sind mehrere Familien, welche etwas einsam wohnten, von Polen und Russen ausgeplündert worden" (Pfarrchronik Delbrück, S. 56-57).

[389] Bäckermeister und Kaufmann Heinrich Austerschmidt, geb. 8. Dezember 1903 in Delbrück, gest. 9. September 1964 in Paderborn (KB Delbrück, Bd. 34, S. 48, Nr. 43), lebte im Haus Lange Straße 39 in Delbrück.

[390] „Die einzige Siedlung, die es am Ende des Krieges gab, waren die ‚Nolten-Häuser' in der späteren Siedlung Bertels Feld." (Wessels, Jugendzeit der fünfziger und sechziger Jahre, S. 9). Die Häuser lagen im Bereich der heutigen Eberhard- und der

April 1945

Abb. 41: Deutsche Kriegsgefangene in der Langen Straße, Delbrück, 1945. Der amerikanische Panzer steht direkt vor dem Haus Hartmann.

Abb. 42: Deutsche Kriegsgefangene auf dem Schulhof der Volksschule, 1945. Siehe Abb. 9, ③.

3. Tagebuch vom 15. April 1945 – 10. Mai 1945

auf dem Felde vollständig für sich in Beschlag genommen. Die Leute mußten alles heraus. Viele Möbeln haben sie für sich beansprucht. Die Türen hatte man den ganzen Tag verschlossen[391]. Man lebte in ständiger Angst vor diesem „Vieh"[392], auch wegen evtl. Räumung war man nie sicher. Jeden Tag konnte es vorkommen, daß ganze Häuser geräumt werden mußten. Manchmal noch spät am Abend. Auch heute noch kam der Befehl für mehrere zum Räumen. Es ist dann meist nur für 1, 2, oder 3 Nächte. Paderborn und Neuhaus ist ziemlich zerstört, dann bleiben sie über Nacht hier.

Nun weiter von der Russenplage. Am Weißen Sonntag hatten die Amerikaner um ½ 10 Gottesdienst. Um ¼ nach 11, ¼ vor 12 u. ¼ nach 12 waren für uns die Messen. Auf einmal kam das Volk um 11 Uhr zurück, es sind keine Messen, der Russe ist ausgebrochen im Stalag. 10000 Mann kommen auf Delbrück zu. Die Kinder schlagen sie an die Bäume. O, Entsetzlich! Da kam das Grauen! In Ostenland[393] ist Alarm gewesen, nachher noch einmal. Aber hier waren dann doch die Messen. Viele Hövelhofer waren nach hier geflüchtet, weil sie es dort nicht mehr aushalten konnten. Aber noch nie hat man am Weißen Sonntag in der

---

Katharinenstraße. „Die von dem Fabrikbesitzer Georg Nolte – Inhaber der Westfälischen Möbelfakrik in Westenholz – errichteten 3 Wohngebäude, Doppelhäuser, mit zusammen 12 Wohnungen in dem städtischen Gelände bei der Kriegerhalle, in der Nähe der Rietberger Straße, wurde an Volksdeutsche aus allen Teilen Europas vermietet. Es sind Serben, Litauer, Belgier, Holländer usw., die als Arbeiter in der genannten Möbelfabrik beschäftigt sind." (Kretschmann / Rade / Wieners, Chronik der Stadt Delbrück, S. 97 zu 1941).

[391] Gewöhnlich blieben die Türen offensichtlich unverschlossen.

[392] Ob diese menschenverachtende Diktion in der nationalsozialistischen Propaganda gängig war, um Angst zu schüren? Auch Erzbischof Lorenz Jaeger nutzte sie in seinem Fastenhirtenbrief vom 8. Februar 1942: „Schaut hin auf Rußland! Ist jenes arme unglückliche Land nicht der Tummelplatz von Menschen, die durch ihre Gottfeindlichkeit und durch ihren Christushaß fast zu Tieren entartet sind?" (Kirchliches Amtsblatt, 85 [1942], Nr. 38, S. 15-20, hier: S. 17).

[393] „Tausende von Russen, die bisher im Lager Staumühle waren, waren nun frei. Besonders in der Bentlake und auf dem Dullwall hatten die Leute viel auszustehen. Am Weißen Sonntag, während des Hochamtes, rief jemand in die Haupter Kirche: 1.500 Russen sind im Anmarsch! Alles verließ in Eile das Gotteshaus, der Priester begab sich in die Sakristei zurück. An der Kirche zogen jammernd Hunderte mit ihren Habseligkeiten vorbei, die sie auf Handkarren und kleinen Wagen mit sich führten. Die Russen kamen aber nicht bis hier, da sich ihnen Hunderte mit Äxten, Spaten u.s.w. entgegenstellten." (Willeke, Chronik der Gemeinde Ostenland, S. 133).

April 1945

Abb. 43: Stalag 326 (IV K) Senne in Schloß Holte-Stukenbrock, Spätsommer 1941. Die sowjetischen Kriegsgefangenen der ersten Transporte wurden auf offenem Feld, ohne Behausung und sanitäre Anlagen, festgehalten und waren gezwungen, sich Erdhütten zu errichten. Im Hintergrund: fast fertiges Kriegsgefangenen-Barackenlager.

Abb. 44: Stalag 326 (IV K) Senne, 1941: Trennung der Kriegsgefangenen in Registrierte und Nichtregistrierte nach der Ankunft.

3. Tagebuch vom 15. April 1945 – 10. Mai 1945

Kirche die Lieder „O Gott, streck aus die milde Hand"[394], „O mein Christ, lass Gott nur walten"[395] gesungen, wir haben es in diesem Jahr getan. Man konnte nicht mal singen, der Schreck saß noch zu sehr in den Gliedern. So ganz allmählich wurde auch mit der Russenbande aufgeräumt. (Wären sie von uns besser behandelt worden in den ganzen Jahren, es wäre auch nicht so weit gekommen.) Sie wurden immer mehr zusammengesammelt und dafür gekocht, bei der alten Schule für 1500 Mann gekocht. Was da noch an Lebensmittel aus dem Land gekomen ist, kann man sich denken. Das ganze Land wimmelt von Fremden. So langsam kamen die Russen in Lager zurück, nach Neuhaus in die Kaserne. Die hier jetzt stellenweise noch hausen, sind Zivilisten, die haben sich in einigen Häusern fest gemacht und sind nicht raus zu kriegen. Nun kam die ersten Tage in letzter Woche eine neue Schreckenskunde nach hier. Die Schwarzen, welche bei Stutenkempers[396] lagen, machten ganz Nordhagen und Schöning unsicher. Dort ging es den Frauen schlimm. Mit lange Messer sind sie hinter den Männer hergewesen. Alte Frauen haben die ganze Nacht bis an den Knien im Grubenbach gesessen. Viele Mädchen sind nach hier geflüchtet und haben hier übernachtet, im Waisenhaus und im Raum über der Sakristei.[397] Nun ist auch diese Plage weg seit 3 Tagen. So langsam geht alles seinen geordneten Gang. Und in all dieser Zeit ist der Amerikaner bis kurz vor Berlin vorgestoßen. Es sind wohl noch 80 klm. Am nächsten steht er bei Leipzig, Chemnitz, Dresden und Hamburg. Der 20. Apr. wird wohl das Ende sein von Deutschlands Herrlichkeit. Ein Reich von Trümmern hat uns dieser „Führer" geschenkt.[398]

Noch einige Einzelheiten aus der Zeit.

Am ersten Tag hat man beobachtet, wie die Amerikaner einen deutschen Soldaten zwangen, sich selbst sein Grab zu schaufeln. Vor Brink Kapelle[399] zuerst, dort kam er nicht tief, da ging man in Kaisers Gar-

---

[394] Sursum Corda, Nr. 342.
[395] Sursum Corda, Nr. 349.
[396] Heute Rietberger Straße 63, Delbrück.
[397] „Leider sind auch mehrere Frauen u. bes. Jungfrauen von den schwarzen Soldaten in Nordhagen u. Schöning belästigt u. vergewaltigt worden, weshalb mehrere abends nach Rietberg u. hier kamen u. geschlafen haben" (Pfarrchronik Delbrück, S. 57).
[398] Der 20. April war der Geburtstag Adolfs Hitlers, der öffentlich begangen und zu Propagandazwecken benutzt wurde.
[399] Kapelle an der Kleinen Straße in Delbrück.

April 1945

Abb. 45: Postkarte, Delbrück 1938. Blick in die Adolf-Hitler-Str. (heute Lange Str.). Rechts die Häuser Epping (mit Tankstelle), Austerschmidt (Bäckerei und Gastwirtschaft), Diedrichsmeier (weit zurückstehend von der Straße und aus diesem Blickwinkel nicht zu sehen), Hartmann (im Schatten liegend).

Abb. 46: Bäckerei Austerschmidt um 1930.

3. Tagebuch vom 15. April 1945 – 10. Mai 1945

Abb. 47: Brinkkapelle, Kleine Str., Delbrück, 1952.

ten[400] unter dem Pflaumenbaum. Auch da ging es nicht wegen der Wurzeln. Da ist man mit ihm abgezogen, ob man ihn noch anderswo erschossen hat, weiß man nicht.

Die Not des armen Kerls! Er hätte immer mit den Amerikanern gesprochen.

Und mit wievielen ist die SS und die Gestapo so verfahren.

Auf Timmermanns Felde und bei Hessels Schneider hat man auch 2 erschossen[401]. Sie waren in Zivil, hatten aber noch Soldbuch u. dergl. bei sich. Drüben sind zwei einsame Soldatengräber.

Auf dem Wiemenkamp im Splittergraben lag auch die Leiche eines deutsch. Soldaten[402]. Bei Lippling lagen bei einem Geschütz 2 tote Un-

---

[400] Ein Gartengrundstück östlich der Brinkkapelle, das sich von der Langen Straße über die Kleine Straße hinweg bis zur Straße Am Himmelreich erstreckt.

[401] Auf dem Delbrücker Friedhof befinden sich mit Steinkreuzen versehene Gräber, darunter jene von Helmut Haack, geb. 3. März 1909 in Gelsenkirchen-Rotthausen, evangelisch, und Otto Arthur Stieglitz, geb. 18. Februar 1909 oder 1919 in Bachra, Kreis Eckardsberga, evangelisch, die beide am 1. April 1945 in Delbrück starben und am 7. April 1945 in Delbrück begraben wurden (KB Delbrück, Bd. 26, S. 242, Nr. 152a und 152b; Kretschmann, Der Delbrücker Friedhof, S. 45).

[402] Es könnte sich um Clemens Fehmer, geb. 7. November 1907 in Münster-Nienberge, handeln, der im April 1945 in Delbrück starb und auf dem dortigen Friedhof begraben wurde (Kretschmann, Der Delbrücker Friedhof, S. 45). Es gibt für ihn keinen

garn⁴⁰³. Ein verw.⁴⁰⁴ Ungarn ist hier im Lazarett gestorben⁴⁰⁵.
Ein alter Mann aus Brenken Villa⁴⁰⁶, der bei der SS war, hat sich am

Eintrag im Sterberegister des Standesamtes Delbrück (Freundliche Mitteilung der Standesbeamtin Monika Engelmeier, Delbrück, vom 5. Dezember 2019).

⁴⁰³ Der erste Soldat aus Ungarn war etwa 18 Jahre alt und starb am 2. April 1945, 6.15 Uhr, an einem Bauchschuss, der zweite Soldat aus Ungarn hieß laut Ausweis Lajos Rollar, geb. 9. August 1927 in Baracskainef (?), starb zeitgleich an einem Herz- und Bauchschuss. „Am Morgen des 2.4.1945 war ein Lastauto der Luftwaffe auf der Fahrt von Paderborn nach Lippling, da, wo die Straße von Ostenland auf die nach Delbrück stößt, wurde es von den Panzerspitzen der Amerikaner bemerkt. Diese beschossen es sofort bei dem Heuerhause des Nelling-Osterloh mit Maschinengewehren. Zufällig waren dort mehrere Soldaten aus Ungarn. Die meisten retteten durch die Flucht das Leben, 2 kamen ums Leben." Beide wurden am 6. April 1945 in Lippling begraben: „Ein Zeichen, dass die † als Katholiken erkenntlich machte, war bei den Leichen nicht zu finden. Aber weil 67,2% der Ungarn kath. sind, wurden sie kath. beerdigt." (KB Lippling, Bd. 3, S. 64, Nr. 1 und 2). „Am 2. Ostertage, dem 2. April 1945 morgens um 6.15 Uhr rückten amerikanische Panzer von Bahnhof Westerloh herkommend in Lippling ein. […] Widerstandsanordnungen von höherenorts wurde keine Folge mehr geleistet, wäre ja auch völlig sinnlos gewesen. Bei Pollkläsener an der Kaunitzer Straße kam es indessen zwischen einem deutschen Wehrmachtswagen und amerikanischen Panzern zum Kampfe, wobei auf deutscher Seite zwei ungarische Soldaten zu Tode kamen. Sie wurden in kirchlichen Ehren auf dem Lipplinger Friedhofe bestattet. Ihre Gräber sind mit einem Kreuze geschmückt und werden gut gepflegt." (StA Delbrück, Chronik der Gemeinde Westerloh, S. 98). Es gibt für beide keinen Eintrag im Sterberegister des Standesamtes Westerloh (Freundliche Mitteilung der Standesbeamtin Monika Engelmeier, Delbrück, vom 5. Dezember 2019).

⁴⁰⁴ Verwundet.

⁴⁰⁵ „Delbrück, den 2. Mai 1945. Der Soldat Kowatschianor ist am 9. April 1945 um 17 Uhr in Delbrück, Reservelazarett I Paderborn, Teillazarett Pfarrheim Delbrück seiner Verletzung erlegen. Der Verstorbene war 17 Jahre alt. Der Verstorbene war nicht verheiratet. […] Todesursache: gefallen durch Inf.-Durchschuss durch die rechte Schulter u. den rechten Brustraum." (Standesamt Delbrück, Sterberegister 1945, Nr. 61). Laut Sterbeeintrag im Kirchenbuch hieß er mit Familiennamen Kowatschianov, geb. 24. Dezember 1927, und wurde am 13. April 1945 in Delbrück begraben (KB Delbrück, Bd. 26, S. 242, Nr. 152c).

⁴⁰⁶ „In dieser Nacht [ohne Datumsabgabe, d. B.] schoss sich Gustav Castringius eine Kugel in die Schläfe. Wir fanden ihn in einem Schuppen, die Pistole in der Hand. Wir legten ihn auf eine Eichenbohle unter ein Tuch. Die Nachbarn trugen ihn, und alle Wassmannshöfer [Bewohner des Wassmannshof und der benachbarten ‚Brenkens Villa', d. B.] begleiteten ihn zu seinem Grab unter den Tannen. Ich sprach ein paar Worte von Gottes Menschenliebe und von ewiger Ruhe – und der Wind spielte in den Tannen. Und die Vögel sangen dazu – es war ja Frühling. Ein unruhevolles Leben fand ein stilles Ende." (Eintrag von Albert Deneke

3. Tagebuch vom 15. April 1945 – 10. Mai 1945

Abb. 48: Brenken Villa, um 1900.

Ostertag erschossen, nachdem er sich ein Grab gemacht hatte und auf einem Zettel seinen Entschluß mitgeteilt hatte.

Tragisch war, daß gerade in diesen schweren Tagen so viele sterben mußten. Es waren in den 14 Tagen 7 Beerdigungen[407]. Die Leichen wur-

---

in: Brautmeier-Brenken, Brenkens Fremdenbuch auf Wassmannshof 1899-1943, S. 109-110). Der Rechtsanwalt Gustav Friedrich Georg Castringius, geb. 4. Mai 1886 in Hamm, „gottgläubig", wohnhaft in Düsseldorf, verheiratet mit Maria Elisabeth Brenken, starb am 3. April 1945, 6.00 Uhr, in Dorfbauerschaft. Die Todesursache wurde in der Sterbeurkunde nicht vermerkt (Standesamt Delbrück, Sterberegister 1945, Nr. 36). Gustav Castringius ließ sich als Rechtsberater der SS in Dienst nehmen, stieg darin als „Gottgläubiger" auf und arbeitete für die Partei als Blockwart. Aufgrund seiner Verdienste für die Partei wurde er durchgängig bevorzugt und vor Ablauf der Wartezeit zum Notar ernannt (Kißener / Roth, Notare in der nationalsozialistischen „Volksgemeinschaft", S. 164-165 u. 168). Am 10. September 1939 wurde er zum Untersturmführer der SS befördert (www.dws-xip.pl/reich/biografie/numery/numer192.html, Zugriff: 13.04.2019).

[407] In der ersten Hälfte des Aprils 1945 wurden außer den genannten Soldaten in Delbrück begraben: Gertrud Lobbenmeier am 3. April, Berta Grabowski, geb. Sondermann, aus Düsseldorf, am 5. April, Angela Werner am 7. April, Josef Kirsch aus Paderborn am 8. April, Andreas Löer aus Paderborn am 9. April, Theresia Meiwes, geb. Hüllmann, und Wilhelmine Maria Dunschen am 10. April, Andreas Schröer aus Bad Sassendorf am 13. April und Franz Reine am 14. April (KB Delbrück, S. 239-240).

April 1945

Abb. 49: Schmiede Hartmann, 1906. In der Mitte heruntergebeugt Wilhelm senior, recht daneben mit Hut vor dem Pferd Georg senior und ganz rechts Kaspar Theodor.

Abb. 50: Schmiede Hartmann, 1935. Wilhelm Hartmann (mit dem Reifen), links daneben Johannes Hartmann (stehend), vorne Josef Hartmann.

den auf dem Friedhof eingesegnet und dann beerdigt.[408]

Am ersten Tag fing es an, alle Urlauber mußten sich melden. Lübben Bernhard und so viele Bekannte waren dabei. Sie standen in Finken Garten[409] und wurden untersucht. Das Herz tat einem weh, wenn man es sah. Es sind doch immer Unsere. In den ersten Tagen sah man viele daherkommen. Einzeln auf dem Kühler oder ganze Wagen voll. Sie sollen nach Lippstadt gekommen sein. Sie haben es jetzt gut. Sie sind in Sicherheit und bekommen gut zu essen. Hier im Lazarett ist amerikanische Verpflegung sehr gut, Schokolade und Bohnenkaffee, was wir gar nicht mehr kennen. Aus dem Lazarett hat man auch bald 40 Mann gefangen genommen. Jetzt geht alles seinen gewohnten Gang. Unsere arbeiten wieder in der Schmiede. Unsere Russen sind auch am Samstag wieder gekommen.

Sie waren bis Hannover gekommen. Ob sie bleiben können, weiß man nicht. Man spricht davon, daß sie in Lager nach Frankreich u. Belgien sollten.

Alles munkelt von einem Krieg der Amerikaner gegen die Russen. Was es wohl gibt, wenn sie gegen einander stoßen? Der Russe rüstet auf mehren Stellen zum Großangriff.

Dienstag, den 17. April

Er ist zum Großangriff angetreten, und der Amerikaner steht in Stendal.

Auf dem Lande hausen noch einzelne Russengruppen. Bei Hüser (Kloren) haben sie heute Nacht eingebrochen und 7 Schüsse abgegeben. Eine 65 jährige evakuierte Frau Busch aus Paderborn wird tödlich getroffen[410]. Heute Morgen kamen mehrere Wagen voll Russen vorbei,

---

[408] Die Einsegnung auf dem Friedhof war ungewöhnlich. Normalerweise geschah sie in der Kirche, wo die Särge mit den Verstorbenen während des Seelenamts und der anschließenden Einsegnung aufgebahrt wurden. „In den ersten Tagen u. Wochen war ein Panzer- u. Autoverkehr, wie es Delbrück noch nicht gesehen hat. Wegen des großen Verkehrs mußten die Leichen ohne Begleitung zum Friedhof gebracht u. hier eingesegnet werden; die Angehörigen gingen einzeln durch den Pfarrgarten u. am Wiemenkamp vorbei zum Friedhof." (Pfarrchronik Delbrück, S. 56).

[409] Ein Gartengrundstück, das sich von der Langen Straßen 43 über die Kleine Straße hinweg bis zur Straße Am Himmelreich erstreckt.

[410] Amanda Busch, geb. Grotha, Hausfrau aus Paderborn, geb. 13. September 1881, wurde am 16. April 1945, 11 Uhr nachts, beim Bauern von Russen erschossen und am 21. April 1945 in Delbrück begraben (KB Delbrück, Bd. 26, S. 240, Nr. 37).

einige blutend, bewacht von Westenholzer Bauen auf Wagen und Fahrrädern, bewaffnet mit dicken Knüppeln[411]. Die Bande tut keinem mehr was. Sie werden sie wohl nach Neuhaus ins Lager bringen. Die sich jetzt noch so herum treiben, haben es nicht besser verdient, als daß sie apfelweich durch geschlagen werden. Eine andere Waffe hat keiner mehr.

Die letzten Tage haben die Amerikaner den Bürgermeister von Sassendorf tot mit nach hier gebracht, ins Krankenhaus abgegeben mit einem Zettel „Der Bürgermeister von Sassendorf".[412] Der Ruhrkessel ist

---

[411] „Die gefangenen Russen, die den Krieg über in Deutschland gearbeitet hatten, waren jetzt frei und zogen in größeren Schwärmen durch das Land. In Mastholte hatte sich ein Lager von 2000 Russen angesammelt. Das ganze Dorf Mastholte lag voll von Russen. Täglich schlachteten sie eine Kuh und sonstiges Vieh für dieselben. Die Bevölkerung unserer Gemeinde hatte sehr viel unter den im Krieg zwangsweise nach Deutschland geholten Ostvölkern zu leiden. Diese taten sich zu Häufchen und Haufen zusammen und wurden aufdringlich, überfielen des Nachts und sogar bei Tage Bauernhöfe und plünderten sie total aus. Die Kriegsgefangenen Franzosen, Belgier und sonstige Angehörige der Völker des Westens waren dagegen weit nobler. Sie beteiligten sich nicht an solchen Überfällen, sondern baten meist höflich um etwa Eßbares und zogen dann weiter der Heimat zu. Die Männer unserer Gemeinde standen nachts vielfach Wache. Es taten sich mehrere Nachbarn zusammen, die sich dann immer ablösten. Die Wegelagerer wurden durch die Männer unserer Gemeinde, die durch eine weiße Armbinde als Hilfspolizei gekennzeichnet waren, vielfach abgeschoben nach auswärtigen Lägern Mastholte usw. Die Russen waren auch schon vielfach bewaffnet. Gegen Überfälle schritt auch die amerikanische Polizei ein. Vielfach war es beim Eintreffen derselben aber zu spät. Bei der Ziegelei und in Brunnert Scheune hatten sich ca 50 Russen angesammelt. Diese waren bewaffnet, stahlen in der ganzen Umgegend, schlachteten Vieh ab und es war denen, da sie bewaffnet waren, nicht beizukommen. Eines Morgens versammelten sich ungefähr 50 Westenholzer Männer mit ordentlichen Prügeln und beförderten sie plötzlich unsanft aus ihrem Quartier. Die Sache kam so überraschend, daß kein Russe mehr an seine Waffen dachte. Auf bereitgestellten Wagen wurden sie dann zur Senne befördert. Seit der Zeit war unsere Gemeinde ziemlich frei von den Wegelagerern. Die Plünderungen des Nachts dauerten zwar immer noch an, dieses erfolgte aber meist von Polen und Russen, die aus der Umgegend und aus Richtung Lippstadt kamen." (Chronik der Gemeinde Westenholz). Frdl. Mitteilung von Franz Sandmeyer, Westenholz.

[412] Andreas Schroer, geb. 28. November 1887 in Bad Sassendorf, „gottgläubig", Amtsbürgermeister von Sassendorf, wurde am 7. April 1945, 17.00 Uhr, „in Delbrück tot eingeliefert". Die Todesursache ist in der Sterbeurkunde nicht vermerkt (Standesamt Delbrück, Sterberegister 1945, Nr. 67). Er wurde als Leiche von Amerikanern erschossen nach Delbrück gebracht und am 13. April 1945 in Delbrück begraben (KB Delbrück, Bd. 26, S. 240, Nr. 35). „Bürgermeister Schröer und Rendant Heimann waren in ihren Ämtern geblieben und versicherten den ersten Ameri-

3. Tagebuch vom 15. April 1945 – 10. Mai 1945

auch bald aufgerieben. 175000 deutsche Gefangene.

Samstag, den 21. April

Seit vorgestern war die Ausgehzeit von 6-19 Uhr. Ab heute von 6 – abends ½ 9 Uhr. In dieser Woche hat es außer einigen Zwischenfällen gut gegangen. ~~Am Dienstag~~ Am Mittwoch haben Russen Försters den Zuchtbullen abgeschlachtet. Sie nehmen den Leuten die Handwagen vom Felde. Es wird aber mächtig aufgeräumt. Nur die neuen Häuser sind noch belegt. Unser Amtsbürgermeister Kluthe[413] ist zum Landrat des Kreises Wiedenbrück ernannt, ab gestern. Der hiesige Amtsbürgermeister ist ein von Lobenberg[414] (Münster evakuiert).

Der Russe stößt von allen Seiten auf Berlin vor. Die Slovakische Grenze ist überschritten durch den Amerikaner 20 klm vor Eger. Nürnberg frei. Die Fronten 40 klm auseinander.

Gestern war Hitlers Geburtstag. Am Tage vor[her] hat noch Göbbels[415] geredet. Die siegen immer noch!

Donnerstag, den 26. April

Berlin ist von den Russen eingeschlossen.

Hitler soll in Berlin sein und den Kampf leiten. Dies sinnlose Kämpfen sieht ihm ähnlich, aber niemand glaubt es. Vielleicht ist er mal irgendwann verschwunden, verschollen. Man ist gespannt, wie es wird. In Bremen wird erbittert gekämpft.

---

   kanern, daß sich keine deutschen Truppen mehr in Bad Sassendorf befänden. Erst danach rückten weitere amerikanische Einheiten in den Ort ein. Der Bürgermeister wurde als politischer Gefangener verhaftet und abgeführt. In der Nähe von Delbrück ist er durch die Amerikaner 'tödlich verunglückt'" (Mues, Der grosse Kessel, S. 271). Der Stellmachermeister war am 17. November 1929 zum ersten Mal über eine Einheitsliste in die Gemeindevertretung von Bad Sassendorf gewählt worden. 1933 trat er für die NSDAP an und wurde am 3. April 1933 in der konstituierenden Sitzung der Gemeindevertretung zum neuen Gemeindevorsteher gewählt. Nicht-NSDAP-Parteimitglieder wurden anschließend systematisch aus der Vertretung herausgedrängt (Schmuhl, Bad Sassendorf im 20. Jahrhundert, S. 310, 315-317).
[413] Franz Kluthe (siehe Anm. [371]).
[414] Robert von Lovenberg war vom 20. April bis zum 29. Juni 1945 Amtsbürgermeister von Delbrück (Wieners, Robert von Lovenberg).
[415] Joseph Goebbels (1897-1945), von 1933 bis 1945 Reichsminister für Volksaufklärung und Propaganda.

Immer mehr Menschenleben werden vernichtet, immer mehr zerstört. Und es ist doch zwecklos, wir sind doch kaputt.

Die Alliierten haben verschiedene K.Z.-Lager eingenommen: Unerhörte Greueltaten kommen ans Tageslicht, was wir allerdings schon lange vermuteten. In Buchenwald bei Weimar waren allein 21000, dann Lager Belsen bei Hannover, da waren fast nur Ausländer, vermutlich Juden. Von Dachau ist auch schon etwas heraus gekommen. Dort waren fast nur Geistliche bezw. Katholiken. Soll uns mal wundern, ob diese nichts von den Verrückten Verbrennungen sagen? Das war vor 4 Jahren recht an der Tagesordnung. Ganz viele Irre sind damals angeblich an einer ansteckenden Krankheit gestorben, in Wirklichkeit wurden sie nach einer Betäubungsspritze oder Todesspritze verbrannt[416]. Die Irrenhäuser füllen sich aber wieder!

Abb. 51: Robert von Lovenberg, Amtsbürgermeister, 1945.

Heute mußten sich alle Männer von 14-60 J. melden. Sie bekamen einen Ausweis. Die Soldaten, die sich gemeldet hatten und keine Papiere mehr besaßen, haben sie behalten. Man hört die ganzen Tage schon Sprengungen. Soeben hat man auch hier die Panzerfäuste, Handgranaten u. dergl. zur Explosion gebracht. Seit Ostermontag morgen hat man keinen Knall mehr so nahe gehört. Da hatte ein Huhn an einer Panzerfaust gepickt, die die Soldaten dorthin gebracht hatten, ein[417] gibt einen mächtigen Knall. Alles meint, jetzt kommt der Feind von Süden. Nachher sah man dann den Urheber. Das war auf der Himmelreichswiese!

Es wird erzählt, als wenn in Steinhausen irgendein Werwolf[418] 2 Amerikaner erschossen hätte. Die ganzen Männer hätte man fest gesetzt. Wenn das wahr wäre, dann muß man da wieder Angst vor haben, daß

---

[416] Am 3. August 1941 kritisierte der Münsteraner Bischof Clemens August von Galen in einer Predigt offen die Ermordung Kranker in den Heil- und Pflegeanstalten.
[417] Im Original steht tatsächlich „ein", statt „es".
[418] Bezeichnung für die Mitglieder einer von Heinrich Himmler, Reichsführer SS, 1944 ins Leben gerufenen Freischärlerbewegung zur Verübung von Anschlägen.

3. Tagebuch vom 15. April 1945 – 10. Mai 1945

hier noch so einer was machen könnte.

Sonntag, den 29. April

Es dürfen wieder Prozessionen gehen.[419] Nächsten Sonntag geht die erste schon nach Lippling, und es ist sicher mehr wie Zufall, daß die erste Prozession nach 5 Jahren wieder eine Kreuz-Prozession ist[420]. Vor 5 Jahren war die nach Lippling. Die letzte[n] Kirchenfahnen dürfen wieder ausgehängt werden und geläutet wird wieder zu jeder Tageszeit. Es ist eine große Erleichterung. Was hatte man in den 12 Jahren meist ein drückendes Gefühl.

Am Freitag morgen ist der Ortsgruppenführer Henze[421] wieder gekommen, er ist zum Amt gegangen. Gestern hat man ihn geholt und mit ihm Austerschmidts Georg[422] und Wilhelm[423] und sie mitgenom-

---

[419] „Am 29. April [1945, d. B.] war eine feierliche Dankandacht, weil Delbrück verschont geblieben, weil wir wieder alle Prozessionen halten können, weil wir die früheren Feiertage wieder festlich begehen können." (Pfarrchronik Delbrück, S. 56).

[420] Es handelt sich um die traditionelle Kreuzauffindungsprozession, die am Sonntag nach dem Fest Kreuzauffindung (3. Mai) nach Lippling zog.

[421] Der stellvertretende Ortsgruppenführer Heinrich Henze war von 28. April 1945 bis zum 5. August 1947 in Lager Staumühle interniert (Bundesarchiv Koblenz, Sign. Z 42 V/3321).

[422] Der Bäckermeister und Kaufmann Georg Austerschmidt genannt Benslips, geb. 20. Dezember 1891 in Delbrück, gest. ebd. 19. Februar 1964 (KB Delbrück, Bd. 34, S. 46, Nr. 10), trat im März 1933 dem Stahlhelm bei und wurde 1934 in die SA-Reserve überwiesen. Am 1. Mai 1933 trat er der NSDAP bei und blieb deren Mitglied bis zum Zusammenbruch. Von 1934 bis 1938 war er Mitglied des Reichskriegsbundes. Von 1935 bis 1946 war er Fachschaftsleiter für Getreide, Kunstdünger und Kolonialwaren für das Amt Delbrück. Von 1944 bis 1945 gehörte er der Landwacht, zuletzt dem Volkssturm an (StA Delbrück, Akte C 727).

[423] „Mit dem 1.11.1938 ist Westerloh eine selbständige Ortsgruppe der NSDAP. Bis zu diesem Zeitpunkt gehörte Westerloh zur Ortsgruppe Delbrück. Zum Ortsgruppenleiter wird der bisherige Stützpunktleiter Wilhelm Austerschmidt, Schöning, ernannt." (StA Delbrück, Chronik der Gemeinde Westerloh, S. 84). „Hauptlehrer Höflich und Ortsgruppenleiter Wilhelm Austerschmidt landeten im Internierungslager Staumühle, dabei haben sie sich vielleicht keines anderen ‚Verbrechens' schuldig gemacht, als eine katholische Gemeinde, die ohnehin von der sog. ‚Idee des Führers' nichts wissen wollte, nicht ganz bei den Parteiinstanzen in Ungnade fallen zu lassen und sie recht und schlecht über die Hitlerzeit hinwegzubringen." (StA Delbrück, Chronik der Gemeinde Westerloh, S. 101). Der Gast- und Landwirt, Lebensmittel- und Kohlenhändler sowie Geschäftsführer der Bäuerli-

Mai 1945

men. Sie sollen noch in Wiedenbrück sitzen.

In Berlin wird noch immer erbittert gekämpft, Hitler soll tatsächlich dort sein. Bremen ist gefallen. Der Russe und Amerikaner haben sich vorgestern bei Torgau an der Elbe vereinigt und jetzt schon auf mehreren Stellen. Ditmar[424] hat sich ~~mit~~ in einem Boot mit weißer Fahne über der Elbe den Amerikanern ergeben. Mussulini ist gefangen genommen und vom Volksgericht (Italiener) verurteilt und hingerichtet worden[425]. So enden die nicht ganz Europa beherrschenden Männer. Wie Hitler enden mag?

Es gehen soviele Gerüchte um. Der bekannte Flieger Mölders[426], der sich tapfer zur kath. Kirche bekannt hat, und damals einen merkwürdigen Tod fand und Staatsbegräbnis u. alles hatte, soll ~~sich~~ jetzt in einem K. Z. Lager aufgefunden worden sein. Wenn das wahr ist, soll man diese Bande auch gehörig dafür büßen lassen.

Donnerstag, den 3. Mai

Am 1. Mai ist der Hitler gestorben![427] So wurde bekannt gegeben durch seinen Nachfolger Admiral Dönitz[428], er soll den Heldentod gestorben sein. Eisenhover[429] gab bekannt, daß an der Art des Todes gezweifelt

---

chen Bezugs- und Absatzgenossenschaft Wilhelm Austerschmidt, geb. 12. November 1899 in Delbrück, war seit 1924 in Schöning kinderlos verheiratet, trat am 1. Mai 1933 der NSDAP bei, war seit dem 10. März 1936 Mitglied des Gemeinderates von Westerloh (StA Delbrück, Akte Gemeinderäte 1942) und von 1938 bis 1945 Ortsgruppenleiter der NSDAP in Westerloh. Er kehrte im Oktober 1947 aus dem Internierungslager zurück. Am 1. Dezember 1948 wurde sein gesperrtes Vermögen durch den Landesbeauftragten für gesperrte Vermögen entsperrt (LAV NRW OWL, D 27 Nr. 5102 und Nr. 2619). Er war der Bruder von Georg und Heinrich Austerschmidt (s. Anm. [422] und [389]). Die Brüder waren Nachbarjungen der Tagebuchschreiberin.

[424] Generalleutnant Kurt Dittmar (1891-1959) war ein bekannter Rundfunkkommentator während des Zweiten Weltkrieges.

[425] Die Hinrichtung Benito Mussolinis erfolgte am 28. April 1945.

[426] Oberst Werner Mölders (1913-1941) war ein hochdekorierter Jagdflieger. Der sogenannte Möldersbrief vom Januar 1942, der ihn als regimekritischen Katholiken auswies, war eine Fälschung des Secret Intelligence Service.

[427] Er starb tatsächlich am 30. April 1945.

[428] Karl Dönitz (1891-1980) war ab 1943 Großadmiral.

[429] Dwight D. Eisenhower (1890-1969) war während des Zweiten Weltkriegs Supreme Commander der Alliierten Truppen und von 1953 bis 1961 Präsident der Vereinigten Staaten von Amerika.

wird. Himmler[430] hat in seinem Kapitulationsgesuch vom 24. April gesagt, daß Hitler erkrankt sei u. nur noch 2 Tage zu leben habe, er soll Gehirnbluten haben.

Fritsche[431] ist in russische Hand gekommen. Der hat nun gesagt, Hitler, Göbbels und noch ein anderer sollen Selbstmord verübt haben. Ob er überhaupt tot ist?

Es ist alles möglich.

Berlin ist gefallen, Prag als Lazarettstadt erklärt, Italien u. Westösterreich kapituliert, ebenso Hamburg. Es[432] war der einzige deutsche Sender, der noch deutsche Nachrichten brachte. Soeben um 1 Uhr verabschiedete er sich, mit Schluß „Deutschland, Deutschland über alles!" Trotz allem auch. Es ist unser Vaterland und bleibt es.

~~Dienstag~~ Montag, den 7. Mai 5 Uhr nachmittags

Die gesamte Kapitulation Deutschlands steht bevor. Jede Stunde kann sie bekannt gegeben werden. Am Samstag hat auch Nordwestdeutschland u. Dänemark-Besatzung kapituliert. Jetzt fehlt noch Norwegen und die kämpfenden Truppen vor den Sowjets. Nun hat auch Dönitz an alle drei Großmächte das Gesuch gerichtet. Es geht nicht mehr! Es ist zu Ende! Man könnte heulen, daß unser liebes Deutschland durch die Nazis soweit gekommen ist. Wenn man jetzt erst Nachricht von den Jungens hätte! Was haben wir uns auf den Waffenstillstand gefreut und jetzt?

Das dicke Ende sitzt noch dahinter. Man glaubt allgemein nicht an den Frieden. Prophezeihungen tauchen wieder auf. Soll wohl noch die Schlacht am Birkenbaum[433] kommen? In S. Franzisko stimmt es auch nicht recht. Den Fall Polen hat man gestrichen. 16 Deligierte sind nach Moskau geschickt worden und dort wegen angeblicher Sabotage festge-

---

[430] Heinrich Himmler (1900-1945), Reichsführer SS und Reichsinnenminister.
[431] Der Journalist Hans Fritzsche (1900-1953) bekleidete Stellen im Reichsministerium für Volksaufklärung und Propaganda. Er war durch eine wöchentliche Sendung im Reichsrundfunk bekannt.
[432] Entweder ist der Luftwaffensender Primadonna gemeint, der vom Mackenberg bei Kempen, Horn-Bad Meinberg sendete, oder der „Großdeutsche Rundfunk" (Klocke, Kindheit unterm Hakenkreuz, S. 80 und 85).
[433] Nach einer alten Sage soll am Birkenbaum, der bei Werl-Budberg lokalisiert wird, bzw. zwischen Werl, Hamm und Unna eine entscheidende Schlacht geschlagen werden.

nommen worden. Es kommt noch zu einem Konflikt zwischen Amerika u. Rußland.

Donnerstag, den 10. Mai (Chr. Himmelfahrt)

Der Krieg ist zu Ende! Am Dienstag Mittag 12 Uhr war Waffenstillstand!

Am Tage vorher sind Feindtätigkeiten schon eingestellt worden. Gott sei Dank! Wir müssen wieder neu beginnen. Aufbauen! Die deutschen Kriegsgefangenen werden sobald wie möglich nach Europa geschifft. - Die Leichen von Göbbels, Frau u. Kinder[434] sind in Berlin im Luftschutzkeller aufgefunden worden. Vergiftungstod! Die Leiche Hitlers ist noch nicht aufgefunden. Göring u. Ribbentrop[435] sind in Gefangenschaft gekommen. Von den anderen „hohen" Herren fehlt jede Spur!

Erstkommunion ist heute![436] Ein herrlicher Tag! So warm wie noch nie im Mai! Alles ist grün und schon lange verblüht. Der Herrgott scheint uns wieder zu segnen nach all dem Schweren. Am 20. April konnte man schon Spinat kochen. Wenn die Ernte gut wird dieses Jahr, dann helfen wir uns diesen Winter durch. Am Sonntag, als die erste Prozession nach Lippling[437] ging, hat es den ganzen Vormittag geregnet. Sie ist nach dem Levitenamt drüben sogleich umgekehrt, weil alle klatschnaß waren. Um 20 vor 11 Uhr waren sie schon wieder hier. Und da wurde es besser mit dem Wetter. Am Montag ging die Prozession nach Boke, am Dienstag, am Waffenstillstandstag, zur Kreuzkapelle, u. am Mittwoch kamen die Boker nach hier.[438]

---

[434] Joseph Goebbels und seine Frau Magda begingen am 1. Mai 1945 Selbstmord, nachdem sie zuvor ihre sechs Kinder vergiftet hatten.

[435] Joachim von Ribbentrop (1893-1946), seit 1938 Reichsminister des Auswärtigen, wurde erst am 14. Juni 1945 gefangengenommen. Er wurde 1946 hingerichtet.

[436] „Die Erstkommunionfeier konnte nicht am Weißen Sonntag sein, weil die Kinder wegen der großen Gefahr der Panzerwagen nicht über die Straße gehen konnten. Die Feier war erst Christi Himmelfahrt am 10. Mai." (Pfarrchronik Delbrück, S. 56).

[437] Die Kreuzauffindungsprozession führte traditionell am Sonntag nach dem Fest Kreuzauffindung (3. Mai) nach Lippling.

[438] Die drei genannten Prozessionen fanden traditionell an den drei Werktagen (Bitttagen) vor dem Fest Christi Himmelfahrt statt.

3. Tagebuch vom 15. April 1945 – 10. Mai 1945

Und heute lacht der ganze Himmel u. die ganze schöne Welt, trotz allem! 26° haben wird im Schatten. Herrlich für die Kinder! Zum ersten Mal seit vielen Jahren wird der Feiertag wieder kirchlich und weltlich gefeiert, nach alter Weise. Zum ersten mal spielte die Musikkapelle beim Abholen der Kinder, Fahnenflattern, Glockengeläute! Was denkt der Amerikaner wohl? Dieses alles und Konzentrationslager. Welch ein Unterschied!

Bei vielen Kindern fehlt nun der Vater! Wo mag er sein? Lebt er noch? Es geht jetzt allen Leuten so. Alle die gleichen Sorgen wegen ihrer Soldaten.

Abkürzungsverzeichnis

EA PB = Erzbistumsarchiv Paderborn
Fstb. PB = Fürstbistum Paderborn
KB = Kirchenbücher
LAV NRW W = Landesarchiv Nordrhein-Westfalen, Abt. Westfalen
Ldh. Ger. = Landesherrliche Gerichte
s. Anm. = siehe Anmerkung
StA Delbrück = Stadtarchiv Delbrück

Quellenverzeichnis

Archivalische Quellen

Bundesarchiv Koblenz,
Akte Z 42 V/3321.

Erzbistumsarchiv Paderborn (= EA PB), Acta specialia, Delbrück, Bd. 1.

Familienarchiv Johannes Westerhorstmann, Delbrück.

Landesarchiv Nordrhein-Westfalen, Abt. Ostwestfalen-Lippe
(= LAV NRW OWL),
D 2 C Paderborn, Nr. 2; D 21 A Nr. 1817; D 21 A Nr. 1823;
D 22 Gütersloh Nr. 9814;
P 6/6 (Standesämter der Stadt Dortmund) Nr. 1369.

Landesarchiv Nordrhein-Westfalen, Abt. Westfalen (= LAV NRW W),
Fürstbistum Paderborn, Landesherrliche Gerichte, Bd. 171; 182; 193; 200.

Quellenverzeichnis

Pfarrarchiv Herz Jesu, Delbrück-Lippling,
Kirchenbücher, Bd. 3 (Sterberegister).

Pfarrarchiv St. Johannes Baptist, Delbrück,
Kirchenbücher, Bände 19 und 20 (Taufen), 22 (Trauregister), 26 und 34 (Sterberegister), 28 (Firmregister); Pfarrchronik (1934-1968);
Publicandum in Schöning (1941-1943).

Pfarrarchiv St. Joseph, Delbrück-Ostenland,
Kirchenbücher, Bd. 4 (Sterberegister).

Pfarrarchiv St. Landolinus, Delbrück-Boke,
Kirchenbücher, Bd. 22 (Taufregister), Bd. 24 (Sterberegister).

Sammlung Astrid Hartmann, Delbrück.

Sammlung Claudia Hartmann, Potsdam.
Tagebücher von Agnes Hartmann; Briefe der Familie Hartmann.

Sammlung Gerhard Kretschmann, Delbrück.

Sammlung Hans Jürgen Rade, Paderborn.

Sammlung Johannes Wieners, Delbrück.

Stadtarchiv Delbrück (= StA Delbrück),
Akte der Gemeinderäte 1942 (?).
Chronik der Gemeinde Dorfbauerschaft 1867-1945.
Chronik der Gemeinde Westenholz ab 1800.
Chronik der Gemeinde Westerloh 1800-1978.
C 727 (Entnazifizierungsakte).
Protokollbuch des Gemeinderats Ostenland vom 11. Dezember 1945 bis 9. Juni 1954.

Standesamt Delbrück,
Sterberegister 1944 und 1945.

Literatur

AMT DELBRÜCK (Hg.), Delbrücker Land, Detmold 1970.

ANONYM, Die Gefallenen der Gemeinde Ostenland im Krieg 1929-1945, in: Heimatverein Ostenland (Hg.), 700 Jahre Ostenland. Thomehope. Unsere Heimatgeschichte 1289-1989, Paderborn 1989, S. 296-302.

Hans Jürgen BRANDT / Karl HENGST, Die Weihbischöfe in Paderborn, Paderborn 1986.

Friedrich BOCK, Paderborner Tagebuch 1939-1945 (Paderborner Historische Forschungen 18), Bielefeld 2019.

Margarete BRAUTMEIER-BRENKEN (Hg.)., Brenkens Fremdenbuch auf Wassmannshof 1899-1943, Delbrück 2011.

Agnes BUDDE, Wie Geseke den Krieg und das Ende am 1. April 1945 erlebte, in: Geseker Heimatblätter, 53. Jg., Nr. 386, Geseke 1995, S. 102-103.

ERZBISCHÖFLICHES GENERAL-VIKARIAT (Hg.), Kirchliches Amtsblatt für die Erzdiözese Paderborn, LXXXV. Jg., Paderborn 1942.

ERZBISCHÖFLICHES GENERAL-VIKARIAT (Hg.), Kirchliches Amtsblatt für die Erzdiözese Paderborn, 87. Jg., Paderborn 1944.

Wilhelm GRABE, „Beschleunigter Wandel" – Scharmede 1945-1974, in: Detlef Grothmann (Bearb.), 1000 Jahre Scharmede. Geschichten unserer Heimat, Paderborn 2014, S. 124-166.

Ludger GREVELHÖRSTER, Von Weltkrieg zu Weltkrieg (1914-1945), in: Karl Hüser (Hg.), Paderborn. Geschichte der Stadt in ihrer Region, Bd. 3, Paderborn-München-Wien-Zürich ²2000, S. 162-253.

Detlef GROTHMANN, Die Stadt in der Weimarer und in der nationalsozialistischen Zeit (1918-1945), in: Detlef Grothmann / Evelyn Richter (Hg.), Geseke. Geschichte einer westfälischen Stadt, Bd. 1, Münster 2017, S. 409-494.

Bruno HAMMERSCHMIDT, Eindrücke auf der Lebensstrasse sind die Erinnerungen aus meinen Leben, Aachen 2000.

HEIMATVEREIN BOKE E. V. (Hg.), Boker Chronik 1800-1919.1920-1956, Paderborn 1999.

Quellenverzeichnis

Rudolf HERRMANN, Bahnhof Gütersloh vor 75 Jahren, in: Kreis Gütersloh in Zusammenarbeit mit dem Kreisheimatverein Gütersloh (Hg.), Heimatjahrbuch Kreis Gütersloh 2020, Gütersloh 2019, S. 13-19.

Alfons HESSE / Wilhelm HONSELMANN / Bernhard HOPPE-BIERMEYER, 550 Jahre Steinhorst 1446-1996, Steinhorst 1996.

Friedrich Gerhard HOHMANN, Das Ende des Zweiten Weltkrieges im Raum Paderborn, in: Westfälische Zeitschrift 130 (1980), S. 339-397.

Wilhelm HUCKE, Das Kirchspiel Elsen einst und jetzt, Elsen 1960.

Karl-Heinz HÜCKELMANN, Das Lippedorf Mantinghausen, Paderborn 2003.

JUNGFERMANNSCHE VERLAGSBUCHHANDLUNG PADERBORN (Hg.), Adressbuch Paderborn. Stadt und Landkreis nach amtlichen Unterlagen 1952, Paderborn [o.J.].

JUNGFERMANNSCHE VERLAGSBUCHHANDLUNG PADERBORN (Hg.), Heimat-Adreßbuch Stadt und Kreis Paderborn nach amtlichen Unterlagen 1967-1968, Paderborn [o.J.].

Michael KISSENER / Andreas ROTH, Notare in der nationalsozialistischen „Volksgemeinschaft", - Das westfälische Anwaltsnotariat 1933-1945, Baden-Baden 2017.

Irmgard KLOCKE, Kindheit unterm Hakenkreuz, Delbrück 1994.

Martin KOLEK, Vergessen? Polnische und sowjetische Zwangsarbeiter und Kriegsgefangene im Raum Delbrück 1939-1945, Delbrück 2013.

Gerhard KRETSCHMANN, Der Delbrücker Friedhof, in: Bernhard Kößmeier (Hg.), Schriftenreihe des Delbrücker Geschichtsforums 1/2011, Delbrück 2011, S. 20-62.

Gerhard KRETSCHMANN / Hans Jürgen RADE / Johannes WIENERS (Hg.), Chronik der Stadt Delbrück von 1901 bis 1950, Delbrück 2015.

Wilhelm KUHNE, „Wer zum Lehren berufen ist, der lehre" (Röm 12,7). Grönebach als fruchtbarer geistlicher Boden, in: Heimat- und Geschichtsverein Winterberg e. V. (Hg.), „De Fitterkiste". Geschichtliches aus Winterberg und seinen Dörfern, Bd. 20 (2011), S. 9-22.

Klaus Luig, Als die Uhr um neun Minuten vor zwölf stehen blieb. Erinnerung an die fünf Toten des schweren Fliegerangriffs am 5. Oktober 1944 auf Bad Waldliesborn, in: Heimatblätter, 97. Jg., Lippstadt 2017, S. 57-60.

Willi Mues, Der Kreis Lippstadt als Kampfgebiet, in: Heimatblätter 50. Jg., Lippstadt 1969, S. 137-144.

Willi Mues, Der grosse Kessel. Eine Dokumentation über das Ende des Zweiten Weltkrieges zwischen Lippe und Ruhr / Sieg und Lenne, Erwitte / Lippstadt 1984.

Hans Jürgen Rade, Die Geschichte des Seglingshofes in Delbrück-Ostenland und seiner Bewohner, in: Beiträge zur westfälischen Familienforschung 68 (2010), S. 115-203.

Hans Jürgen Rade / Johannes Wieners, Die Erinnerungen von Msgr. Philipp Schniedertüns an die Zeit des Nationalsozialismus im Delbrücker Land, in: Bernhard Kößmeier (Hg.), damals & heute. Informationen zu Geschichte, Natur und Heimatpflege aus Delbrück, Nr. 39, Delbrück 2017.

Hans Jürgen Rade, 700 Jahre Schlinghof vor der Sudmühle in Delbrück, in: Bernhard Kößmeier (Hg.), damals & heute. Informationen zu Geschichte, Natur und Heimatpflege aus Delbrück, Nr. 43, Delbrück 2017.

Friedrich M. Rintelen, Paderborn 1945. Erinnerungen an die Zerstörung der Bischofsstadt, in: Paul-Werner Scheele (Hg.), Paderbornensis Ecclesia. Beiträge zur Geschichte des Erzbistum Paderborn. Festschrift für Lorenz Kardinal Jaeger zum 80. Geburtstag am 23. September 1972, München-Paderborn-Wien 1972, S. 747-759.

Friedrich Maria Rintelen, Erinnerungen ohne Tagebuch, Paderborn 1982.

Hans-Walter Schmuhl, Bad Sassendorf im 20 Jahrhundert – vom Ersten Weltkrieg bis heute, in: Peter Kracht (Hg.), Sassendorf. Vom Sälzerdorf zum Heilbad, Münster 2009, S. 295-372.

Michael Siedenhans, Das Kriegsgefangenenlager in Stukenbrock-Senne (Stalag 326 VI/K) von 1941 bi 1945, in: Rudolf Gürtler (Hg.), Mitte der Senne. Schloß Holte-Stukenbrock. Ein Heimatbuch, Gütersloh 1985, S. 189-192.

Paul Steinke, Mit Kolping unterwegs. Berichte, Dokumentationen, Studien. Zur Chronik des Diözesanverbandes Paderborn 1858-1983. Ein Beitrag zur

Quellenverzeichnis

Geschichte des Kolpingwerkes und zur Verbandsgeschichte des Erzbistums Paderborn, Paderborn 1983.

Sursum Corda! Katholisches Gesang- und Gebetbuch für die Erzdiözese Paderborn, Paderborn [o. J.].

Vorstand der Vereinigung ehemaliger Theodorianer (Hg.), Verzeichnis der Abiturienten des Gymnasium Theodorianum in Paderboen 1905-1976, Paderborn 1976.

Johannes Wieners / Arne Kluthe / Gerhard Kretschmann, Zeitzeuge des 20. Jahrhundert. Amtsbürgermeister Franz Kluthe – Wegbereiter durch schwere Zeiten, in: Bernhard Kößmeier (Hg.), damals & heute. Informationen zur Geschichte, Natur und Heimatpflege aus Delbrück, Nr. 16, Delbrück 2011.

Johannes Wieners / Sibert von Lovenberg / Gerhard Kretschmann, Robert von Lovenberg – Amtsbürgermeister der Stadt Delbrück (20. April bis 29. Juni 1945), in: Bernhard Kößmeier (Hg.), damals & heute. Informationen zur Geschichte, Natur und Heimatpflege aus Delbrück, Nr. 20, Delbrück 2012.

Engelbert Willeke (Bearb.), Chronik der Gemeinde Ostenland 1800-1950, Delbrück 1997.

Internetquellen

http://www.denkmalprojekt.org/2012/boke_stadt-delbrueck_kreis-paderborn_wk1_wk2_nrw.html (Zugriff: 04.05.2019).

http://www.dws-xip.pl/reich/biografie/numery/numer192.html (Zugriff: 13.04.2019).

Abbildungsverzeichnis

1. Portraitbilder von Agnes Hartmann und ihren Eltern viii
2. Haus Hartmann, ca. 1930 ix
3. Tagebuch-Hefte von Agnes Hartmann xi
4. Schneiderin-Gesellenbrief von Agnes Hartmann, 1927 xi
5. Agnes Hartmann, Tagebuch-Seite, 1942 xiii
6. Agnes Hartmann mit Schwägerinnen, 1930er Jahre xv
7. Hochzeit Anastasia und Georg Hartmann, 1934 xvii
8. Stammbaum Fam. Hartmann xix
9. Luftbild Delbrück, 1937 xxi
10. Agnes Hartmann mit Hund, ca. 1932 xxvii
11. Agnes Hartmann, 60er Jahre xxvii
12. Agnes Hartmann mit Neffe, um 1940 xxvii
13. Th. Fecke, H. Strunz-Happe und B. Hammerschmidt, um 1940 6
14. Bahnhof Delbrück, 1902 10
15. Drei Totenbildchen Fam. Westerhorstmann, 1942 12
16. Blick aus dem Kirchturm auf Krankenhaus und Schule, um 1930 15
17. Kinder der Familie Hartmann, 1938 und 1942 17
18. Kirchplatz Delbrück, um 1930 21
19. Postkarte über den Zwangsarbeiter Michael, 1950 25
20. Die zerstörte Möhnesee-Staumauer, 1943 29
21. Totenbildchen H. Koeller und N. Koeller, 1941 und 1943 .. 29
22. Th. Fecke, P. Müller, B. Hammerschmidt und A. Müller, um 1940 36
23. Rudolf Hess in Delbrück, 1936 40
24. Hochzeit Josef und Mia Hartmann, Jan. 1944 47
25. Kinder auf der Hochzeit von Josef und Mia Hartmann, 1944 47
26. Ölmühle, Boker Str., Familie Düsterhus, 1952 50
27. Häuser Diedrichsmeier und Hartmann, 1930er Jahre ... 54
28. Einquartierung im Haus Hartmann, 1940 59
29. Waisenhaus Delbrück, 1952 60
30. Waisenhaus Delbrück, 1952 60
31. Gaststätte Kantine, um 1930 62

Abbildungsverzeichnis

32.	Hotel zur Post, um 1950	62
33.	Paderborn, Jesuitenkirche, 1948	73
34.	Agnes Hartmann, Tagebucheintragung 28.3.45	77
35.	Paderborn, Liboristr., 1945	80
36.	Paderborn, Marienplatz, 1946	80
37.	Amt Delbrück und Lange Str., um 1900	83
38.	Amtsbürgermeister Franz Kluthe mit Familie	88
39.	Lazarett im Pfarrheim Delbrück, 1944	89
40.	Dr. Werner Moll, um 1940	90
41.	Kriegsgefangene in der Langen Str., 1945	93
42.	Kriegsgefangene auf dem Schulhof, 1945	93
43.	Stalag 326 (IV K) Senne, 1941, Erdhütten	95
44.	Stalag 326 (IV K) Senne, 1941, Registrierung	95
45.	Postkarte, Delbrück Neustadt, 1938	97
46.	Bäckerei Austerschmidt um 1930	97
47.	Brinkkapelle, Kleine Str., Delbrück, 1952	98
48.	Brenken Villa, um 1900	100
49.	Schmiede Hartmann, 1906	101
50.	Schmiede Hartmann, 1935	101
51.	Robert von Lovenberg, Amtsbürgermeister, 1945	105

Bildnachweis

Dr. Hugo Lill, © LWL-Medinzentrum für Westfalen: 43, 44
Illustration Michael Hagemann (Zusammenstellung Hans Jürgen Rade): 8
Ruhrverband: 20
Sammlung Astrid Hartmann: 1, 2, 6, 24, 25, 27, 49, 50
Sammlung Claudia Hartmann: 3–5, 10–12, 17, 19, 28, 34
Sammlung Familie Moll: 39, 40
Sammlung Familie Wessels: 23
Sammlung Gerhard Kretschmann: 16, 31, 45
Sammlung Hans Jürgen Rade: 9, 15, 21, 22, 29, 30
Sammlung Margarete Brautmeier-Brenken: 48
Sammlung Sibert von Lovenberg, Welkenraedt / Belgien: 51
Sammlung Strunz-Happe / Förster: 13
Sammlung Ulla Nottebaum (geb. Hartmann), Rietberg: 7
Sammlung Willi Mues, Erwitte: 41, 42
Stadtarchiv Delbrück: 14, 18, 26, 32, 37, 46, 47
Stadt- und Kreisarchiv Paderborn (Josef Jurowski): 35
Stadt- und Kreisarchiv Paderborn (Kurt Zechner): 36
Stadt- und Kreisarchiv Paderborn (Paul Michels): 33

Personenregister

Altmann, Karl, 9
Austerschmidt (geb. Grundmeier),
    Bernardine, 40
Austerschmidt (gen. Benslips),
    Georg, 106, 107
Austerschmidt, Heinrich, 19, 92, 107
Austerschmidt, Josef, 64
Austerschmidt, Wilhelm, 106, 107

Badoglio, Pietro (ital. Minister-
    präsident), 38
Balzer, Theodor (gen. Theo), 55
Bartscher (gen. Trilleken),
    Maria Elisabeth
    (gen. Betchen), xxviii, 5
Bartscher, Hans, 22
Baumann, Augustinus
    (Weihbischof), 54
Behrhorst, 2, 8
Bentler, Heinrich, 20
Bentler, Johannes, 20
Berhorst (geb. Hartmann),
    Anna, 33
Berkemeier, Wilm, 5
Bette, Heinz, 38
Bokel (gen. Jüden),
    Johann Anton, 26
Borisosdiek, 58
Brautmeier (gen. Breimhorst),
    Franz, 35
Breimhorst, Georg, 26

Brinkmeier, Franz, 1, 3
Brinkmeier (geb. Gerling),
    Josefine, 1
Brinkschröder, Johannes, 4
Brockgreiten, Konrad, 26, 63
Bröckling, Johann Heinrich, 24
Bröckling, Josef, 17, 24
Brockmeier, Anton, 19
Brockmeier, Heinrich, 20
Brockmeier, Martin, 19
Brunnert-Grewing, Franz, 86
Bullmann, 52
Busch (geb. Grotha), Amanda, 102
Büser, Johannes, 11
Bußmann, Emil, 53
Bußmann (geb. Happe), Elisabeth
    (gen. Lieschen), xvii, 53, 87

Castringius, Gustav, 99
Charey / Schari, Clara Eva
    (siehe Hartmann), vii
Czapski / Capski, Ludwig, 74

Dahme (geb. Happe), Maria, xvii
Dahme, Johannes, xvii
Damm, Wilm
    (siehe Wilhelm Hüser), 51
Dentzer, Josef, 66
Depenbusch, Bernhard, xx
Depenbusch, Ferdinand, 45, 87

Personenregister

Depenbusch (geb. Hartmann), Elisabeth (gen. Liesbeth), xv–xvii, xix, xx, 45, 87
Depenbusch (geb. Hüser), Gertrud, xx, 18
Depenbusch, Gertrud, 87
Depenbusch, Hans, 55, 87
Depenbusch, Heinrich, xx, 18
Depenbusch, Heinz, 55, 87
Depenbusch, Ignatius, xx
Depenbusch, Johannes (gen. Johann), xvi, xvii, xix, xx, 3, 4, 18, 27, 30, 44, 45, 53, 78
Depenbusch, Johann Joseph (gen. Jupp), 9, 28, 35, 37, 43
Depenbusch, Josef, xxiv, 18
Depenbusch, Norbert, 87
Diedrichsmeier, Elisabeth, 87
Diedrichsmeier (geb. Happe), Franziska, xvii, 53
Diedrichsmeier, Hans, 87
Diedrichsmeier, Heinrich, xvii, 53
Diedrichsmeier, Margot, 88
Diedrichsmeier, Rita, 87
Dittmar, Kurt (Generalleutnant), 107
Dönitz, Karl (Großadmiral), 107
Donner, 56
Doras Mann *(siehe Winkenjohann, Wilhelm)*, 2
Dorenkamp (geb. Peterburs), Maria, 34
Dorenkamp, Heinrich, 34
Dorenkamp, Konrad, 34
Dorenkamp, Martin, 34
Dreier, Franz, 41
Dreier, Heinrich, 41
Dunschen, Wilhelmine Maria, 100
Düsterhus, 50
Düsterhus (gen. Ölhmühler), Eduard, 50

Düsterhus, Heinrich (gen. Heini), 2, 7
Ebbesmeier (geb. Hartmann), Elisabeth Dorothea, 64
Ebbesmeier, Josef, 64
Eisenhower, Dwight D. (U.S. Präsident), 107
Epping, Anton, x
Epping, Johannes, 72
Epping, Karl, 64
Ernsthenrich, Josef, 46

Fecke, Georg, xxiv, 35
Fecke, Theo, xxiii, 6, 7, 36
Fehmer, Clemens, 98
Finke, Georg, 28
Fleitmann, Anna, 18
Fritzsche, Hans, 108
Funke, Franz, 34

Gabriel, Ferdinand (Prälat), 78
Gerken, Bernhard, 24
Gerken, Heinrich, 5, 74
Gerken, Karl, 5
Gerken, Theo, 5
Gerling, Gerus, 28
Gertkämper, Franz, 23, 26
Gierse, Caspar, 78
Gockel, Dr. med. Paul, 16
Goebbels, Joseph, xxv, 104, 108, 109
Goebbels, Magda, 109
Göring, Hermann, 6, 109
Grabowski (geb. Sondermann), Berta, 100
Großekämper (gen. Runte), Willy, 2

Haack, Helmut, 98
Hammerschmidt, Bruno, xxiii, 6, 7, 36

Hamschmidt, 68
Hamschmidt, Josef, 22
Happe, Franz, xvii, 7, 26
Happe (geb. Marx),
    Gertrud, xvii
Happe (geb. Peitzmeier),
    Maria, xvii, 7, 26
Happe, Heinrich, xvii
Happe, Helmut, xxiii
Happe, Johannes, xvii
Happe, Johannes (gen. Hans), 26
Happe, Konrad, xvii
Happe, Maria, xvii
Happe, Resi, xvii
Happe, Richard, xvii
Hardtman (geb. Timmermanns),
    Anna Clara, vii
Hardtmann, Maria Josephina, vii
Hardtman, Peter, vii
Hartmann, Agnes, i, vii, xv, xvii, xix
Hartmann, Anna Dorothea, 5
Hartmann, Anna Katharina, ix
Hartmann, Astrid, vii, xxviii
Hartmann, Cäcilia (gen. Cilli), 87
Hartmann, Claudia, i, xxvi, xxviii
Hartmann, Diederich Wilhelm, vii
Hartmann, Dorothea
    (gen. Thea), 21, 44, 87
Hartmann, Franz
    (gen. Fränzchen), 16, 55, 87
Hartmann, Franz Josef, 87
Hartmann (geb. Charey),
    Clara Eva, vii
Hartmann (geb. Davidheimann),
    Anna, 68
Hartmann (geb. Happe), Anastasia,
    xv, xvii, xix, 1, 54
Hartmann (geb. Riekschnitz), Maria
    Katharina (gen. Dorothea),
    viii, xvii, xix, xxii
Hartmann (geb. Sandtüns),
    Katharina, xv, xvii, xix, 72
Hartmann (geb. Witte), Maria
    (gen. Mia), xix, 46, 63
Hartmann (gen. Kamer),
    Bernhard, 68
Hartmann, Georg, xv, xvii, xix, 2,
    87
Hartmann, Hans, 87
Hartmann, Heinrich (gen. Heini),
    xvi, xvii, xix, 4, 8, 17, 19,
    23, 24, 27, 55, 69, 75
Hartmann, Johannes, xix
Hartmann, Johannes (gen. Johann),
    x, xvii, xix, 19, 31, 56, 70,
    72, 87, 90
Hartmann, Josef *(durchgängig)*,
    xvii, xix, 2, 46
Hartmann, Kaspar Theodor, viii
Hartmann, Peter, vii
Hartmann, Reinhold, 1, 87
Hartmann, Theodor
    (gen. Theo), 43, 87
Hartmann, Ursula, 87
Hartmann (verw. Kamberger, geb.
    Kerkhoff), Juliana (gen. Julia),
    xix, 4
Hartmann, Wilhelm Anton,
    xix, 11, 68
Hartmann, Wilhelm (gen. Willi),
    xix, 9, 55, 87
Hartmann, Wilhelm (gen. Willi)
    (durchgängig), xvii, xix, 3
Heihoff, Stefan, 26
Heimann, 88
Heimann, Heinrich, 20
Heimann, Josef, 20, 37
Heimann, Rendant, 103
Heißen, 9
Heißen, Stefan von, 64

Henke, Stephan, 2
Henze, Heinrich, 63, 84, 106
Himmler, Heinrich, 105, 108
Hitler, Adolf, xxiii, xxv, 59, 96,
　　104, 107–109
Horenkamp, Alois, 16
Hupe, Anton, 24
Hüser-Clarenmeier,
　　Konrad, 12
Hüser (geb. Hartmann), Cäcilia
　　(gen. Cilli), i, xxvi, 31
Hüser (gen. Damm Wilm),
　　Wilhelm, 51
Hüser (gen. Kloren), 102
Hüser, Georg, 46
Hüser, Josef, 9

Jakobi, Fritz, 78
Jakobi (geb. Strunz), Maria, 78
Jasper, Fritz, 37
Jassmeier, Maria Anna Ludwika, x

Kellerhoff, 37
Kellersohn, Josef, 37
Kerkemeier (geb. Kemper),
　　Angela, 17
Kerkemeier, Stephan, 17
Kirsch, Josef, 100
Kleine, Änne, xvii
Kleine (gen. Holländer), Franz, 35
Kleine, Georg, 6, 10
Klocke, Irmgard, xxvi
Kluthe, Franz, 87, 104
Koeller, Hermann, 30
Koeller, Hubert, 30
Koeller, Norbert, 30
Köllner (geb. Schweier), Anna, 50
Köllner, Henrich, 50
Köring, Carl, 61
Kors, Georg, 27
Kruse, Arnold, 35

Kückmann, Stefan, 12
Kükmann, August, 28

Lichtnegges, 52
Lingemann, Ant., 66
Lippert, Generalmajor, 85
Lobbenmeier, Franz, 39
Lobbenmeier (geb. Breimhorst),
　　Anna, 39
Lobbenmeier, Gertrud, 100
Löer, Andreas, 100
Lohmann, Eberhard
　　(gen. Hardi), 19
Lovenberg, Robert von, 104
Lübbers, Bernhard,
　　14, 18, 27, 38, 102
Lübbers, der alte, 65
Lübbers (geb. Merschmann),
　　Maria, 14, 38
Lübbers, Liesbeth, 3
Lummer, Ortsgruppenleiter, 40
Lutze, Viktor, 27

Matuszevski, Anton (poln.
　　Gefangener), 65
Meier, Karl, 34
Meiwes (geb. Hüllmann),
　　Theresia, 100
Meiwes (gen. Sünning),
　　Johannes Stephan, 84
Menneken, Familie, 10
Menneken (geb. Zinselmeier),
　　Angela, 16
Menneken (gen. Büker),
　　Heinrich, 68
Menneken (gen. Büker),
　　Johannes, 16
Menneken (gen. Büker), Rudolf, 16
Michael (russ. Zwangsarbeiter), 24
Mölders, Werner (Jagdflieger), 107

Moll (gen. Knochenmolli),
    Dr. Werner, 53, 90
Moor, Franz, 34
Moor, Josef, 34
Morfeld (geb. Weidekämper),
    Katharina Elisabeth
    (gen. Anna), 51
Morfeld (gen. Nelling), Anna, 50
Müller, Alfons, 36
Müller, Paul, 13, 36
Mussolini, Benito, 32, 38, 107

Nadermann, Angela Elisabeth
    (gen. Betta), 44
Nadermann, Bernard, 44
Neukirch, xviii, 18
Nolte, Georg, 53, 94

Pache (geb. Happe), Bernadine, xvii
Pache, Josef, xvii
Padberg, Rudolf (Vikar), xviii, 89
Peter („Hilfswilliger / Überläufer"),
    45, 48, 49
Pieper, Marianne, 53
Pöhler, xx
Pöhler, Heinrich (gen. Heini), 38
Protte, Josef, 66
Protte, Toni, i
Pulte (geb. Linnenbrink),
    Sophia, 30
Pulte, Wilhelm Anton, 30

Radke, Hans, 19
Reine, Franz, 100
Rempe, Bernhard, 31, 69
Rempe, Doris, 31
Rempe, Dorothea, 69
Rempe (geb. Hartmann), Dorothea
    (gen. Dortchen), 5, 31
Rempe (geb. Koch), Maria, 69
Rempe, Gerhard, 33

Rempe, Johannes, 69
Rempe, Johannes (gen. Hans), 33
Rempe, Konrad, 5
Rempe, Theo, 31, 69, 70
Rempe, Wilhelm Bernard, 5
Rempe, Wilhlem (gen. Willi), 68
Ribbentrop, Joachim von, 109
Riekschnietz (geb. Nadermann),
    Anna Angela, 44
Riekschnitz, Bernhard
    (Pfarrer), viii, xvii, xix
Riekschnitz (geb. Nadermann), Anna
    Angela, 19
Riekschnitz, Maria (gen. Mariechen),
    viii, xvii, xix, 15, 17
Rintelen, Dr. Friedrich, 78
Rodehutskors, Maria, 28, 30
Rollar, Lajos, 99
Rommel, Erwin, 12
Rübbelke, Anton, 86
Rübbelke, Jodokus, 86
Rump-Heimann, 88

Sagemüller, 35
Sagemüller (gen. Grunewald),
    Heinrich, 40
Sagemüller, Walter, xxiv, 28, 35
Sandmeyer, Franz, 65
Sandtüns, Katharina (gen. Tina), x
Saneke, Witwe, 65
Sasse, Josef, 49
Schäfer, August, xxii
Schäfer (geb. Förster), Theresia
    (gen. Thea), xxii
Schlingmann vom Dorfe
    (siehe Westerhorstmann), 9
Schmidt, Alois, 5
Schmidtmann, Dr. med.
    Josef, 15, 26, 49
Schniedertüns, Msgr. Philipp, xxvi

Personenregister

Schormann (geb. Sandtüns), Anna, 72
Schormann, Heinrich, 72
Schröer, Andreas, 100, 103
Schwede (geb. Nadermann), Catharina, 19, 64
Schwede, Georg, 23
Sieding, Josef, 51
Sieweke, Mathilde, 66
Speit, 34
Spitzenmarie, 27
Stamm (gen. Butterkrüger), Franz, 30, 66
Steinmetz, Heini, 22
Steinmetz, Karl, 22
Steppeler, Wilhelm, 32
Stieglitz, Otto Arthur, 98
Stollmeier, Anton, 48
Stollmeier, Hermann, 38
Störmann, Hans (Vikar), 13, 89
Stratmann, Georg, 55
Stroop, Anton, 68
Stroop, Heinrich, 37
Strunz, Alfons, 45
Strunz, Anton, 19
Strunz, Bernard, 21
Strunz-Happe, Helmut, 6, 7, 26
Strunz, Johann, 19
Strunz, Josef (gen. Jupp), 21, 30, 41, 76
Stuckrad-Barre, Dr. Ulrich von, 53
Sunder, Heinrich, 58

Tanger (gen. Valepage), Stefan, 55
Tembories, Josef, 84
Timmer, Georg, 1, 4
Trenthoff, Rudi, 72

Völker, Dr. theol. Christoph, 78
Vonderheide, Georg Heinrich (Ordensname Meinrad), 33

Wachter, Dr. Hans, 16
Wellen (geb. Rempe), Änne, 69
Wellen, Johannes (Pfarrer), 89
Werner, Angela, 100
Westerhorstmann (geb. Schlingmann), Katharina, 9
Westerhorstmann (gen. Heimes), Conrad Stephan (gen. Heinrich), 11
Westerhorstmann (gen. Schlingmann), Bernard, 11
Westerhorstmann (gen. Schlingmann), Heinrich, 9, 48
Westerhorstmann (gen. Schlingmann), Josef, 10
Westermeier (gen. Böse), Bernard, 10
Westermeier, Georg, 48
Wiebeler, Josef, 26
Wieners, Johannes, i, xxviii
Wilmes, Anneliese, 84
Winkenjohann (geb. Hartmann), Dorothea (gen. Dora), xvi–xix, 2, 3, 5–8, 17–19, 21, 22, 24, 32, 37, 44, 57
Winkenjohann, Wilhelm, xvi–xix, 2, 4, 31, 37, 41, 48, 52, 57, 68, 69
Wirth, Franz, 34
Witte, Maria (gen. Mia), *siehe Hartmann, Maria*, 9, 10, 13, 16
Wolf (geb. Lummer), Katharina, 19
Wolf, Theodor, 19
Wrede, Heinrich, 64
Wrede, Wilhelm, 19
Wulfmeyer, 30

Ortsregister

Aachen, 31, 61, 67
Afrika, 12
Alexejewka, Russland, 23
Algier, Algerien, 12
Amerika, 37
Annolowo / Annolovo, Russland, 34
Arras, Frankreich, 59

Belojarowka / Biloiarivka, Ukraine, 34
Berlin, 39, 96, 104, 107, 108
Białystok, Polen, 9
Bielefeld, 44, 45, 68, 70
Biserta, Tunesien, 27
Bochum, 31
Boke, 65
Bol. Rossoschka, Russland, 19
Borchen, 53
Bremen, 104, 107
Brilon, 69
Bulgarien, 63
Bunzlau / Bolesławiec, Niederschlesien, 76
Büren, 53

Calais, Frankreich, 6
Charkow, Ukraine, 39
Cherbourg, Frankreich, 56, 57

Dachau, 105
Darna, Lybien, 12

Delbrück, 45, 106
Dnjper, Fluss, 38, 39
Dortmund, 27, 28, 56, 76
Dresden, 75
Duisburg, 61
Düsseldorf, 2, 75

Edertalsperre, 28
Eger, 104
Elbe, 107
Emmerich, 61, 74
Erwitte, 53
Espeln, 32, 49
Essen, 18, 23, 61, 76
Estland, 5, 46, 48
Eupen, 61

Fellin, heute Viljandi, Estland, 5
Finnland, 57, 63
Frankreich, xxiii, 2, 13, 61
Freiburg / Świebodzice, Niederschlesien, Polen, 72
Frolowo, Friefhof, Russland, 26

Gemünd, 63
Gerbini (Militärflugplatz), Sizilien, 34
Glogau, an der Oder, 72
Golodolina / Hołodolina, Russland, heute Polen, 37
Gomel / Homel, Weißrussland, 39
Grenasjatschewo, Russland, 34

Ortsregister

Gumbinnen, Ostpreußen, 67
Gütersloh, 53, 68, 70

Hamburg, 108
Hannover, 33, 38, 105
Horn-Bad Meinberg, 108
Hövelriege, 82

Ilmensee, 20
Italien, 38

Karkheim, Kreis Angerapp
    (Ostpreußen), 68
Kassel, 32, 39
Kirischi am Wolchow, Russland, 2
Kiwegend, 48
Kolberg / Kołobrzeg, Polen, 75
Köln, 31, 61, 75, 76
Konotop, Ukraine, 38
Korosten, Ukraine, 41
Krakau, 58
Krassny Bor, Russland, 26
Krefeld, 61, 75
Kurland, 71

Ladogasee, Russland, 4, 36, 37
Langenberg, 45
Larissa-Karies, Griechenland, 30
Lebedieva, Russland, 20
Le-Havre, Frankreich, 56
Leningrad, Russland, 26, 46
Libau / Liepāja, Lettland, 68
Lille, Frankreich, 59
Limburg, 82
Lipperode, 40, 65
Lippling, 20, 98, 106, 109
Lippspringe, 68
Lippstadt, 69
London, England, 57
Luki Neval, Russland, 17

Malmedy, 61

Marnem Frankreich, 12
Marsberg, 2
Mastholte, 45, 65
Mastrich, 61
Metz, 59
Michedowitski / Mikhedovichi,
    Russland, heute Ukraine, 53
Minsk, Weißrussland, 33
Möhnetalsperre, 28
Mülheim, 61
Münster, 68, 70

Nasswa, Russland, 20
Neuhaus, 96
Neviges, Wallfahrtsort
    bei Velbert, 27
Newel, 48
Nischul-Babino / Nizhneye
    Babino, Russland, 23
Nordhagen, 65, 96
Nürnberg, 104
Nymwegen / Nijmegen, 64

Oklahoma, Amerika, 43
Oranienbaum, 46
Orjol / Orel, Russland, 32–35
Ossipowa / Osipovo,
    Weißrussland, 50
Ostenland, 2, 4, 20, 34, 68, 94
Osterloh, 32, 69
Ostsee, 76

Paderborn, 4, 16, 17, 23, 24, 27,
    53, 71, 75, 76, 79, 81, 85
Paris, Frankreich, 59
Podsswednoje, Russland, 23
Polen, 46
Poltawa, Ukraine, 38
Pommern, 76
Prag, 108
Prüm, 61

Pryzerade Novy, Polen, 65
Pulary(?)-Radom, 64
Pygi, Russland, 30

Radom, Polen, 58
Remagen, 82
Rheinhausen, 61
Rschew / Rshew,
  Russland, 2, 4, 14, 15
Rudnja bei Smolensk, Russland, 20
Rulkolavav, Russland, 4
Rumänien, 58, 63
Russland, 4
Rußland, 32

Saarburg, 76
Saparoshji / Saporischschja,
  Ukraine, 46, 55
Scharmede, 84
Schloß Holte-Stukenbrock, 92
Schöning, 20, 32, 34, 43, 44, 96
Schwedtschikowy, Friedhof, 27
Schytomyr, Ukraine, 44
Sewastopol, Krim, 55
Siwerguzewo, Russland, 23
Sizilien, 32, 35
Slowjansk, Ostukraine, 37
Smolensk, Russland, 34, 36
Sseminowskyji / Semenivske,
  Ukraine, 34
Ssewsk / Sewsk, Russland, 27
Ssinotsking (?), 2
Stadtlohn, 78
Stalingrad, Russland,
  xxii, 6, 8, 12, 16, 18, 19, 21
Staumühle, 94
Staumühle, Internierungslager, 106
Steinhausen, 105
Steinhorst, 65, 67
Stettin, 76
Stollberg, 61

Straße von Messina, 35
Stutenkemper, 96

Thüle, 65
Tobruk, Lybien, 12
Torgau, 107
Toulon, Frankreich, 13, 59
Trier, 59, 66, 75
Tschernja/Retschka / Chërnaya
  Rechka, Ukraine, 34
Tunesien, 12
Tunis, Tunesien, 27

Ukraine, 41
Utrecht, 64

Verdun, Frankreich, 59
Verl, 49
Verona, Italien, 66
Viadukt, Altenbeken, 69

Waldliesborn, 65
Warburg, 84
Warschau, Polen, 58
Warstein, 4
Weimar, 105
Werl, 53
Wesel, 76
Westenholz, 23, 26, 65, 86
Westerloh, 106
Westösterreich, 108
Wilna, 58
Witebsk / Wizebsk,
  Weißrussland, 44, 50
Wolgograd, Russland, 19, 26
Woroschilowgrad/Luhansk,
  Ukraine, 24

Zirlau / Ciernie, Polen, 72

Stichwortverzeichnis

Alarm, 3, 8, 18, 24, 28, 31, 35, 44, 46, 49, 51, 52, 57, 58, 61, 64, 66, 76, 78, 81, 94
    Alarmbereitschaft, 44, 61
    Fliegeralarm, 28, 39, 51, 74
    Luftalarm, 11
    Luftgefahr, akute, 65
    Sirenen, 65
    Vollalarm, 34, 56, 61, 70, 76, 84
    Voralarm, 18
    Vorentwarnung, 46
    Warnbezirk, 46
Amerika, 102
    1. US Infanterie Division, 85
    3. US-Panzerdivision, 85
    8. US Panzerdivision, 91
    Amerikaner, 91, 94, 96, 98, 105
    Amerikaner, der, 12, 59, 79, 82, 85–87, 92, 96, 102, 104, 107, 110
    Panzer, 88
    Schwarze, 96
    Verpflegung, 102
Arbeitsverwendungsunfähig, 55
ausgebrannt, 53, 65, 67
ausgebrochen, 94
Ausgehzeit, 104
    Ausgang, der, 91
ausgeraubt, 92
    ausgeräubert, 92
Ausländer, 105

belästigt, 96
Benzinmangel, 63
Besatzung, 81
    Besatzungstruppen, 50
    Dänemark-Besatzung, 108
beschlagnahmt, 41, 42, 48
    in Beschlag genommen, 94
Betäubungsspritze, 105
Betstunden, 49
Bielefeld
    Dürkoppwerke, 45
Blinddarmentzündung, 15
Blockwart, 100
Bluff, 67
Bombe, x, 21, 23, 39, 45, 53, 64, 65, 68, 70, 75
    Bombardieren, 67
    bombardiert, 53, 56, 69
    Bombenabwurf, 53
    Bombenangriff, 2, 28, 39
    Bombenschaden, 4
    Bombensplitter, 34, 65
    Brandbombe, 67
        Phosphorbrandbomben, 49
    Fliegerbombe, 67
    Luftdruck, 45
    Sprengbombe, 67
Bomber, 23, 31, 32, 49, 70
Bordwaffen, 52, 72, 84
    Bordwaffenbeschuss, 78, 81
Bunker, 37, 64, 67

Stichwortverzeichnis

Delbrück
    Brenken Villa, 99
    Brinks Kapelle, 96
    Feldmark, 11, 68
    Feuerwehr, 44
    Finken Garten, 102
    Gaststätte Laumes Kamp, 10
    GHD Georg Hartmann
        Maschinenbau GmbH, xv
    Heitfeld / Heifeld, 3, 32
    Hotel zur Post (bei Bükers), 10
    Kaisers Garten, 98
    Kantine / Waldkrug, 61
    Kathrinenmarkt, 39
    Kirchturm, 14
    Kreuzkapelle, 61
    Laumes Kamp, 61
    Pfarrheim, 61
    Schildkrug, 90
    Uhrglocke, 14
    Waisenhaus, 54, 61, 96
    Wiemenkamp, 98
    Wirtschaft Carl Köring, 61
Deutschland, 108
    Nordwestdeutschland, 108
Dorfbauerschaft
    Richterfeld, 49

Einkesselung, xxiv
    eingekesselt, 18, 48
    einkesseln, 22
    Kessel, 16, 85, 87
    Ruhrkessel, 86, 103
Einquartierung, 58
Elend, 27, 38, 78
England
    Engländer, der, 52, 64, 74
    Luftlandetruppen, 61
    Panzer, 63
    Secret Intelligence Service, 107
    Tommy, der, 28, 59, 61, 63
enteignet, 87
erschossen, 98
Explosion, 105

Fahne, weiße, 85, 90, 107
Flugzeugwerke, 49
Führer, der, xxv, 59, 96

Gefallene, 26
Geistliche, 105
geräumt, 94
Gestapo, xxiii, 7, 14, 98
Greueltaten, 105
Grummet, 3

Handbetrieb, 92
Handgranaten, 105
Heldentod, 50
Hilfswilliger, 45
Hülse, 32
Hunger, 78, 92
    halbverhungert, 81
    hungernd, 82
    Hungersnot, 69

Invasion, 49
Irre, 105
Irrenhäuser, 105

Juden, 105

Kapitulation, 108
Karbidlampe, 76
Kartoffeln, 41
Katechetinnenkursus, 39
Katholiken, 105, 107
Konzentrationslager, xxiii, 110
    Belsen bei Hannover, 105
    Buchenwald, 105
    K.Z. Lager, 105, 107
Krankenhaus, 15

Krankheit, 105
Kriegsgefangene, 81

Leiche, 98
Leiter, 92
Leutemangel, 2
Licht, 75
Luftangriff, 75
    Flieger, 35, 42, 46, 49, 74
    Rückflug, 46
    Störflüge, 35
    Tiefflieger, 74, 84
    Tieffliegerangriff, 65
Luftwaffensender Primadonna, 108

Malaria, 16
Maschinengewehr, 32, 91
Messe, 18, 19, 22, 26, 37, 49, 94
    Auferstehungsmesse, 86
    Gottesdienst, 11, 94
    Kreuz-Erhöhung, 61
    Levitenamt, 12, 61, 86, 109
    Seelenmesse, 7
    zerstörte Messe, 83
meutern, 69
    gemeutert, 90
Möldersbrief, 107

N.S.D.A.P, 40

Ortsgruppe, 106
    Ortsgruppenführer, 106
    Ortsgruppenleiter, 14, 40, 74, 88, 106
Ostvölker, 103

Paderborn
    Bahnhof Kasseler-Tor, 53
    Dom, 71
    Domplatz, 71
    Elektrizitätswerk, 81
    Herz-Jesu-Kirche, 72
    Marienplatz, 71
    Meinolfuskirche, 72
    Schildern, 71
    Westfriedhofhalle, 72
Panzerfäuste, 105
Plage, 96
Plünderungen, 103
    ausgeplündert, 92
    geplündert, 92
    plündern, xxii, 103
Polenmädchen, 78
Polizei, 13
Priesternachwuchs, 39
Propaganda, 108
Prozession, 61, 106, 109
    Agathaprozession, 21
    Karfreitagsprozession, 83
    Kreuzauffindungsprozession, 106, 109
    Kreuz-Prozession, 106

räumen, 91
Räumung, 94
Reichsrundfunk, 108
Religionslehrerin, 39
Russland, 102
    Iwan, der, 72
    Russe, der, 67, 71, 72, 74, 76, 94, 102, 104, 107
    Russen, 96
    Russenbande, 96
    Russenplage, 92, 94

Sprengung, 105
SS, 98, 100, 105
    SS-Leute, 90
    Waffen-SS, 84
Stammlager (Stalag) 326 (VI K) Senne, 92, 94
Steckrüben, 41
Strom, 76, 92

Stichwortverzeichnis

    Zählerstand, 76

Telefon, 83
    Anruf, 86, 90
Terrorangriff, 70
Todesspritze, 105
Tommy *(siehe England)*, 28

Überläufer, 45

Unabkömmlichstellungs-
    Antrag, 55
Unzufriedenheit, 75

V1, 58
Vaterland, 43, 108
Verbrennung, 105
Vergeltung, 57
vergewaltigt, 96
Verrat, xxv, 38, 59
Verräter, 63
Verrückte, 105
Verzweiflungstat, 70
„Vieh", 94
Volksaufklärung, 108
Volksgericht (ital.), 107
Volkssturm, 67, 72, 82, 106

Wegelagerer, 103
Wehrmacht
    5. Panzer-Division, 85
    6. Armee, xxiv, 18
    Heeresbericht, 18
    Kinder, 85
    Truppen, deutsche, 12
    Truppen, flüchtende, 85
    Truppen, unsere, 13, 32,
        39, 46, 63, 66, 70, 91
    Wehrmachtsbericht, 11, 35, 82
    Wehrmachtswagen, 99

Zuteilungsrationen, 76

Danksagung

Die Veröffentlichung der Tagebücher wurde freundlicherweise unterstützt von den folgenden Organisationen:

Volksbank Delbrück-Hövelhof eG

Volksbank Paderborn, VerbundVolksbank OWL eG